谷 丹 經

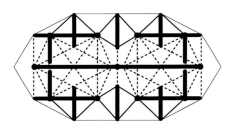

玄玄上人　著

導言一

把自己當成坩堝的人，

當時機成熟，火候到位，

黃金就以奈秒的速度自你體內提煉而出。

宛如恩多芬，源源不絕；

因為你比鉭還稀有，毅力驚人，而且獨一無二。

備註：

1. 坩堝：盛物的器皿，用以熔化金屬，玻璃和煅燒礦石等。中古世紀的煉金術士常用來提煉黃金或煉丹。
2. 奈秒：一秒的十億分之一。

3. 黃金的熔點為 1,062 度 C，鉭的熔點為 3,017 度 C，是黃金的三倍。黃金遇到王水（硝酸＋鹽酸）則溶解，鉭不畏王水，耐腐蝕性極強，沸點是 5,458 度 C，常被用來當作電器產品中的鉭電容。如手機、DVD、遊戲機及電腦。

4. 恩多芬，腦中分泌出的化學精神傳導物質，能使人快樂。

5. 本新詩是獻給經得起嚴酷考驗，最終必定得到勝出而滿懷喜悅的人。

導言二

　　艾碧該・亞當斯於 1790 年寫了一封信給湯瑪斯・傑佛遜說：

　　"Great necessities call forth great Leaders."

　　「偉大的需求召喚出偉大的領袖」

　　願本書理論與實務兼備的修煉內涵，在橫向廣度與縱向深度的交織操作下，造就讀者成為偉大的實踐者，滿足你的伴侶在肉體上，精神上及經濟上的全面需求。

備註：

1. 艾碧該・亞當斯（Abigail Adams 1744-1818）為美國第二任總統約翰・亞當斯（John Adams）的

妻子，也是美國第六任總統約翰・昆西・亞當斯
（John Quincy Adams）的母親。

2. 湯瑪斯・傑佛遜（Thomas Jefferson 1743-1826）
是美國第三任總統（1801-1809），更是美國獨立
宣言的撰稿者。獨立宣言在 1776.7.4 頒布，因此
7 月 4 日也成爲美國國慶日。

導言三

哲學：在問題中找到答案，需要整體系統性的宏觀能力。

形而上學：在答案中找到路徑，需要洞見幽微的直觀能力。

科學：是哲學與形而上學的雙向連接器，也是路徑，答案與問題的逆向解碼器，需要極佳的想像力與創造力。

備註：

1.雷根在競選時提出如下的口號：「不景氣（Recession）是指當你的朋友失業時，蕭條（Depression）是指當你失業的時候，經濟復甦（Recovery）是指當卡特失業的時候（失去美國

總統的職位）」這個短句意義深遠，對贏得選舉產生了巨大的影響力。「並且連任成功。雷根推行的經濟政策為供應面經濟學，被人稱為雷根經濟學，將所得稅降低了 25%、減少通貨膨脹、降低利率、擴大軍費開支、增加政府赤字和國債，排除稅賦規則的漏洞，繼續對商業行為撤銷管制，使美國經濟在歷經 1981-1982 年的急遽衰退後，於 1982 年開始了非常茁壯的經濟成長。」雷根總統同時是思想、行動、口才及儀表上都非常優秀傑出的領導者。這是哲學宏觀能力的見證。

2. 魔術方塊為匈牙利籍發明家、雕刻家和建築學教授魯比克·厄爾諾（Rubik Ernő, 1944-）所創，可以擺出三十多億種組合。目前能最快將它復原的記錄保持人為荷蘭的 Mats Valk，只花了 5.55 秒。這是形而上直觀能力的見證。

3. HDMI（High Definition Multimedia Interface）是指高畫質晰度多媒體介面的英文簡稱。目前HDMI 連接器是以 Top-and-Bottom（上下）的雙向格式以每秒百兆位元（100 MBPS）的乙太網路通道（Ethernet Channel）速度同時傳輸聲音與影像，能達到極佳解析度 4096×2160（4K×2K）

的 3D 效果。「聖經密碼」這本書說，根據《紐約時報》的說法，聖經是用量子電腦（Quantum Computer）技術所寫的電腦程式，每一分鐘的運算能力，現在的超級電腦需幾十億年才做得完，因此，3000 多年前就已預知 A。希特勒會在 1939 年發動第二次世界大戰並記錄在聖經裡。請注意，連 Adolf 的縮寫 A.及年份都明確的詳述了。因超級電腦的創造，得以逆向連結並解析量子電腦在 3000 多年前的驚人紀錄。

導言四

人與神的關係

Thales: "All things are full of gods".
泰利斯：「所有的事物都充滿了神」。

Protagoras: "Man is the measure of all things".
普洛塔高勒斯：「人是所有事物的衡量標準」。

人具有神性，因此人能像神一樣造出萬物，顯
現多元化。

神具有人性，因此神創造人類以彰顯萬物起源
的一元化。

人神合一是人類進化的終極目標，化解一元與
多元的紛爭。

備註：

1. 泰利斯 Thales（624-546 B.C.）：蘇格拉底（470-399 B. C.）前的希臘哲學家。

2. 普洛塔高勒斯 Protagoras（490-420 B. C.）：蘇格拉底（470-399 B. C.）前的希臘哲學家。

3. 希臘傳統的兩大美德：象徵智慧果實的溫和（moderation）與謙遜（modesty）。這兩大美德可以導出寬容（bearing, 得妙觀察智）及寬恕（forgiveness，得平等性智），就像提煉原油（crude oil）一樣，可產出重油（Mazut）、柴油(Diesel）、航油（JP54）、燃油（Fuel）、汽油（Gasoline）、液化天然瓦斯（LNG）、液化石油氣（LPG）等，更能產出高價值的附屬品，如琉璜（Sulphur）、瀝青（Bitumen）、尿素（Urea）等。當哲學與神學合流時，得大圓鏡智，可了知一切及法界體性智，可成就一切。神學好比原油，提煉技術好比科學，所有的煉油產出物及附屬品好比哲學的經濟效益。

序　言

　　這是一本探討宇宙頻譜與修命復性的書，不但可以固本強身，更可以啓迪智慧，創造財富，進而達成你心中所有的願望。同時，也是一本道藏精華，敘述有關精氣神的修煉方法，及如何提煉性能量以創造人的第二生命，達成自我實現的終極目標。悟道、修道、證道，是每個人必經的人生三部曲。

　　所謂道，即是做你想要做的事情。右邊的「首」，代表你頭腦所規劃的，所想要的。左邊的「足」，代表你所採取的行動。無論你想甚麼或做甚麼，都必須消耗一定的能量。能量一旦在消耗的狀態下，就是所謂的「漏」。在能量耗盡的那一刻，叫做「漏盡」。如果你所想及所做的尚未達到極致，就是尚未「漏盡」。一旦「漏盡」了，你就沒有能量再去做任何思考或行動，當「漏盡」來臨時，就

豁然「通」了。所以，悟道即是「漏盡通」。在第
一階段的悟道過程中，能量是被消耗的。

　　通了甚麼？你的頭腦終於想通了之前的所思
所想或所做所為必須進一步被導正或轉向，於是你
開始修正你的思想與行為，邁向第二階段的修道。
在修道的過程中，無論你想甚麼或做甚麼，仍然必
須消耗能量。但是，能量也是一種物質，質能是可
以互換的。當第二階段的「漏盡通」也被達到時，
則所有在第一階段悟道及第二階段修道所耗盡的
能量，會轉化為一種特殊的物質，我稱之為「反物
質」，或稱做「紫丹桂光索」。宇宙萬物皆由光粒子
所組成，「紫丹桂光索」也不例外。「紫丹桂光索」
同時也是一種意識飛行器，可以來回穿梭於三界內
外，不受任何的時空限制。可以在瞬間抵達任何的
宇宙空間，它的能量來自氫粒子的燃燒及氫離子的
移動，會發出耀眼的光芒，也可以在瞬間做成無誤
的正確重大決議。

　　當「紫丹桂光索」成形並具有意識行動力時，
就是第三階段的「證道」了。證了甚麼？證明了涅

槃無爲無不爲的境界。一個證道的人，可能具有下列某一或多項特徵：

1.喬治·伊凡諾維奇·葛吉夫（George Ivanovitch Gurdjieff, 1872-1949）。他知道任何事，也能做任何事。是第四道（The Fourth Way）修行法門的始祖及大師，有別於苦行者之道，僧侶之道及瑜伽之道。頗有商業及技藝才能，他甚至能轉換形貌，專門教人如何自覺並保持清醒。他認爲，肉體所有的細胞都是充滿了氫 12 的放射物質，包括精子與卵子，而性中心也以氫 12 工作。當氫 12 達到飽和的狀態時，就開始結晶而形成靈體。這個由肉體轉化爲靈體的結晶過程就是煉金術。

2.采坦耶·摩訶巴布（Chaitanya Mahaprabhu, 1486-?）。主采坦耶於 1486 年 2 月 18 出生在孟加拉高達省拿迪亞鎮的摩耶埔村。他是克里希那（Krishna）的投胎轉世。能化身一萬六千一百零八個不同的形體，各個具有不同的樣貌，記憶及行爲模式。讓他的眾妻們都覺得各自擁有自己的丈夫。主采坦耶唱了一首有關 Krishna 富裕的歌。他揭

示，以愛奉獻於 Krishna 的過程，可喚醒 Krishna
知覺，就是永久隱匿的寶藏，人一旦得到了，便是
持續的富貴一身。

3.巴關・斯里・羅傑尼希（Bhagwan Shree
Rajneesh 1931-1990）。他的弟子們稱他奧修
（OSHO）。他只要發想任何事，他的眾弟子們就能
感知並幫他完成，無需開口要求。他從不上廟宇或
教堂，也沒有崇拜過神明或對神祈禱過。靈性，對
他而言，就是「找到自己」並「成就自己」。耆那
教稱一個已經成就自己的人，叫做「阿瑞罕塔」
（Arihanta）。在實現自我，超越自我的過程中享受
並沉醉在忘我的極樂當中。

4.尼爾・唐納・沃許（Neale Donald Walsch）。
他自我修證的智慧深廣無比，可以媲美賽斯（Seth，
一個居於多次元實相中的靈性導師），維摩詰居士
與文殊菩薩。任何問題都能切中要點，並精準的回
覆。財富當然也跟著著作及演講而豐碩。他是當代
最佳的「漏盡通」證道者，經歷了五次的婚姻及事
業的重挫，終於開竅，寫了「與神對話」的系列叢

書，已譯成 34 種語文，全球銷量逾 1,300 萬本，蟬聯《紐約時報》排行榜 100 多週。他教導人如何拓展自己，走上再創造（Recreation）之路。

當然，證道的層次還是有所區別的。因此展現出來的神通或成就也就不同。唯一相同的是，證道的人，無論出世或入世，都是利他無私的。

因為這是神性的展現。每個人都具有神性。因此，健康、智慧與財富都可經由修煉而獲得，而且是無限的。

本書的精神所在，即是揭式了修行的次地與果證如下：

煉精化氣：Making Love，是悟道的基礎，屬於人道，得健康。

煉氣化神：Making Money，是修道的資糧，屬於地道，得財富。

煉神還虛：Making Fortune，是證道的憑藉，屬於天道，開智慧。

007 情報員電影系列中有一首主題曲“You Only Live Twice”，由 Nancy Sinatra 所唱，最能精確而傳神般的表達了這個精神：

“You only live twice: one life for yourself and one for your dreams. Make one dream come true, you only live twice.”

換言之，藉由提煉性能量以創造第二生命，是實現夢想的不二法門。

目　錄

〈17〉

第一章　九宮圖

宇宙的頻譜開展

夢境對事業的啓發與影響

　　首先，我們應該了解在宇宙頻譜中，自己所在的位置，如此才能對肉身及靈體的產生與結構有一個通盤的了解，從而找到正確的修煉途徑。以下就是宇宙的頻譜開展。

玄中有玄	do	1	
是我命			
命中有命	re	2	欲界：肉體（有體有形）－魂 1
是我形			科學
形中有形	me	3	..………………………………………
是我精			
精中有精	fa	4	
是我氣			
氣中有氣	so	5	色界：靈體（無體有形）－魂 2
是我神			哲學

神中之神 是太極	la	6	....
太極之母 是無極	si	7	
無極之極 是我玄	do	8	無色界：意識體（無體無形）－魂 3 玄學 紫丹桂光索
玄之又玄 歸涅盤	do-do	9	....

三界之外：真身（純粹意識），
　　　　　－炁 0　寂然
　　氣化之紫丹桂光索
　　　　超靈

涅盤無為 無不為		0	....

七音律：

1.do ... 玄......魄 1 會陰 免疫力

2.re ... 命......魄 2 丹田 性　力

3.me... 形......魄 3 小腹 消化力...肉體...
魂 1

4.fa ... 精......魄 4 心臟 情緒力

5.so ... 氣......魄 5 喉嚨 說服力

6.la ... 神......魄 6 玄關 直覺力...靈體...
魂 2

7.si …　太極＋無極…魄 7　百會　宏觀力…
　　　　意識體…魂 3

八度音階：　1.do …　玄

　　　　　　2.re …　命

　　　　　　3.me…　形……肉體…魂 1…意識…識神

　　　　　　4.fa …　精

　　　　　　5.so …　氣

　　　　　　6.la …　神……靈體…魂 2…潛意識…元神

　　　　　　7.si …　太極＋無極…意識體…魂 3…超意
　　　　　　　　　　識…谷神

　　　　　　8.do …　玄……真身…炁 0…純粹意識…妙仁

九宮圖：　　1.do …　玄……知命………………水

　　　　　　2.re …　命……請命………………火

　　　　　　3.me…　形……造命……三花聚頂……木

　　　　　　4.fa …　精……修命………………土

　　　　　　5.so …　氣……煉命……五氣朝元……金

　　　　　　6.la …　神……復性

　　　　　　7.si …　太極＋無極…修命復性…先天八
　　　　　　　　　　卦…上溯空性

　　　　　　8.do …　玄……性命雙運……後天八卦……
　　　　　　　　　　下及萬有

9.涅盤：無不為（道之用）（上升 key: do-do；下降 key: do-do）紫丹桂光索

0.涅盤：無為（道之體）………………氣化之紫丹桂光索

十天干圖：	1.do …	玄	金字塔	三角形 1:	aef
	2.re …	命	金字塔	三角形 2:	aed
	3.me…	形	金字塔	三角形 3:	abd
	4.fa …	精	金字塔	三角形 4:	abe
	5.so …	氣	金字塔	三角形 5:	acf
	6.la …	神	金字塔	三角形 6:	acd
	7.si …	太極＋無極	金字塔	三角形 7:	afd
	8.do …	玄	金字塔	三角形 8:	afe
	9.左輔		金字塔	三角形 9:	aec
	10.右弼		金字塔	三角形 10:	abf
十二地支圖：	1.do …	玄	金字塔	三角形 1:	aef
	2.re …	命	金字塔	三角形 2:	aed
	3.me…	形	金字塔	三角形 3:	abd
	4.fa …	精	金字塔	三角形 4:	abe

5.so …	氣	金字塔	三角形 5:	acf
6.la …	神	金字塔	三角形 6:	acd
7.si …	太極＋無極	金字塔	三角形 7: afd	
8.do …	玄	金字塔	三角形 8:	afe
9.青龍		金字塔	三角形 9:	aec
10.白虎		金字塔	三角形 10:	abf
11.朱雀		金字塔	三角形 11:	abc
12.玄武		金字塔	三角形 12:	def

　　而九宮圖，即是由玄、命、形、精、氣、神、太極、無極、涅槃等九個要素及其相應圖址交互激盪的結果，所產生的宇宙萬象，包含玄學、哲學、科學、經濟、文學、藝術、天文、體育、音樂、建築、工藝等等的活動領域。當然這也包括了人為與自然的破壞與創造的歷程。所有這些因素與現象的總和，稱為宇宙頻譜。

　　同時，意識（識神）掌控的肉體以食物為食，在欲界活動，潛意識（元神）掌控的靈體以氫氣為食，在色界活動，超意識（谷神）掌控的意識體以意識流為食（在佛家稱為思食），在無色界活動。

這三者（意識、潛意識、超意識）在一個人的身上都以紫丹桂光索互相連結（西方文化稱之為銀帶Silver Cord），彼此互相影響，也與其他人的意識，潛意識與超意識交互作用，就像神經網絡一樣的密集且產生連動與互動。因此，靈界的靈體與意識體並非閒著沒事幹，他們分別為每個各體的守護靈，共同參與文明的進化與人類之間的種種爭戰。

　　有一個事實可以證明肉體、靈體、意識體是由紫丹桂光索或銀帶 Silver Cord 所連接。Silver Cord 又稱為臍帶，當嬰兒自母體出生時，需將之剪斷，嬰兒才能存活，繼續生長。同理，人在肉體死亡後，銀帶 Silver Cord 會被靈體切斷，好讓靈體及意識體脫離肉體而回到靈界繼續自由活動，不像在肉體存活時，靈體及意識體是被困在肉體裡，只有在睡眠時才能脫離肉體而出遊太虛。

　　當我們的肉體及意識集中注意力並專注在處理某些事情上時，會分泌大量的腎上腺素，以增強心臟，血管及肌肉的張力，經過幾個小時的密集工作後排尿時，尿液會由平時一般工作狀態下的黃色

轉爲呈現密集工作後的褐色或咖啡色。當眼睛閉上要睡覺時，眼前呈現黑色，松果體則分泌抑黑素，幫助肉體進入睡眠狀態，好讓靈體及意識體脫離肉體而進入靈界活動。松果體是人體的最小器官，但血流量很大，僅次於腎臟。松果體又稱爲第三眼，也就是所謂靈體的眼睛，可看見充滿太陽黑子的白矮星（White Dwarf）及五彩繽紛的奧米茄星團（Omega Centauri）。同理，如果夢境非常頻繁甚至一覺到天亮，那表示靈體或意識體非常忙碌，早上醒來的排尿也會呈現褐色或咖啡色，如果夢很少甚至不記得有作任何夢，早上的排尿則是一般的黃色。

換言之，靈體與意識體透過紫丹桂光索或銀帶Silver Cord 與肉體相聯結。靈體居住在松果體，或稱松果腺，意識體則居住在百會穴。百會穴位於頭頂的中央位置，是諸陽經的首穴，屬督脈。除了足厥陰肝經走頭顚頂以外，所有的陰經都不走頭部而走任脈。因此道家及醫家稱百會穴爲「陽中藏陰」。肝經屬陰是從足底上行至陰莖及精囊並繞行一圈才往上走到達百會穴，這是足厥陰肝經命名的由

來。性交時，足厥陰肝經通過陰莖的感官刺激，使肝氣的疏泄功能不斷增強，直至突破腎氣封藏的制約而發生射精，而丑時肝經當令，導致陰莖氣血流注最盛，容易勃起，這叫「晨勃」或「五更轉陽」，或「一陽來復」。如果腎臟健康，腎陽充足，則精關牢固，不致早洩。鎖精即是鎖住精關之意，不使輕易射精。精關位於精囊，海綿體及陰莖這三者之間的交界處，就是體前正中線，臍下四吋。換言之，即是精囊在上，而海綿體與陽具在下的中極穴的上端。煉精化氣的效益即是鎖精而大幅延長性交時間而不外洩。如果你發現丹田堅硬如石，就表示鎖精成功。

　　法國的笛卡爾（Rene Descartes 1596-1650）是第一個指出靈魂居住於松果體的哲學家，他也是數學家與物理學家。他的名言「我思故我在」（Cogito ergo sum），意指「思考是唯一確定的存在」。他的「論正確使用心靈尋找科學真理之方法」（簡稱「方法論」），是一部劃時代的鉅作。他自己也在連續的四個夢境中，得到啟發，深感這些夢境都是超自然現象，立刻向童真女馬利亞禱告，誓言徒步朝

聖。第一個夢：他被精靈附體，又有強光耀目，暗示困擾奮鬥已久的疑惑將獲得解答。接下來又有三個夢：1.充滿不相關的圖像—異地的水果；2.暴風閃電在他房中宣囂；3 最後一片寂靜，有詩一本在手，又與一人論詩，並以他自己的一句話結束：「這一生，該走哪條路？」。笛卡爾是靈體及意識體都相當發達的修煉者，因此他的成就也都是跨時代的。牛頓智識發展的最大影響者，德國哲學之父黑格爾（笛卡爾的《第一哲學沉思集》就是論證上帝的存在和靈魂的不滅），早在亞當・斯密之前，就已看見自由市場那隻「看不見的手」的運作者，都是濫觴於他。甚至現代的轉型學派的語言學以及芭蕾舞劇的旁白及配樂靈感，也都來自他的啓發與恩賜。

　　法國國寶米歇爾・傅柯（Michel Foucault 1926-1984）是一位哲學家和思想史學家、社會理論家、語言學家、文學評論家。他被認為是一個後現代主義者和後結構主義者。對詩歌、音樂、文學和繪畫方面也很在行。朋友們描會說：「這個人極其複雜，靈敏過人，善於自制，沉默寡言時令人尷尬，大笑起來則聲震屋瓦」。他相信 SM（SadoMasochism）

性愛可以突破意識的限制，在意識與無意識之間，在理性與非理性之間，快感與痛苦之間，助人達到潛在變換功能的「極限體驗」。他相信，如果透過理性範圍之外的探索，終究會在夢境裡，在酒的麻醉下或在性愛的銷魂狀態中，發現「存有」與「虛無」、「生」與「死」都是同一回事。而「夢的光輝比日光還要燦爛，隨之產生的直接感受乃是最高級的認識形式。」在傅柯看來，夢是神秘而隱蔽的力量被暴露在光天化日之下，在最明顯的存在形式中起作用。因此，夢是「世界的誕生」，也是「存在本身的本源」。同時，在 SM（SadoMasochism）性愛中，快樂和痛苦是互相滲透的，在酒神戴奧尼索斯（Dionysus）式的銷魂狀態中體驗從痛苦到快樂，從恨到愛的轉變，乃是智慧的開端。夢也是一個透過海德格所謂的非思想進行思考的專用領域。那是一片陰暗的開闊地，一個人在那裡幻視片刻，似乎就可以認出他自己並掌握自己的命運。

　　印度數學家羅摩奴詹（Srinivasa Ramanujan 1887-1920）的數學技能，被劍橋數學家哈代（Godfrey Harold Hardy 1887-1947）評分為 100

分，德國數學家（David Hilbert 1862-1943）爲 80
分，他自己是 25 分。具羅摩奴詹自稱，他的許多
數學公式都是女神 Namakhal 在夢中向他啓示，例
如，迭代公式（Iterative Equations）與尤拉恆等式
（Euler's Identity）。

　　聖經創世紀中記載，耶和華（Jehovah，是一英
語化的希伯來字，希伯來原文是 Yahveh 或 Jahveh，
代表「自我存在者」或「永恆者」之意）用地上的
塵土造人，將生氣吹在他（亞當）的鼻孔裏，他就
成了有靈的活人。這個生氣，在希伯來文中，是
ruwach，被譯成「聖靈」、「呼吸」或「風」。

　　英國的法蘭西斯・培根（Francis Bacon, 1561-
1626）則認爲，蒸氣體積膨脹一百倍後便成爲空
氣，進而生風。他在書中寫道：「聚集大量蒸氣之
處，就是風的原鄉」。培根十二歲就入讀劍橋大學
三一學院，攻讀神學、形上學，同時學習邏輯、數
學、天文學，希臘文和拉丁文。他是一名法官，也
擔任過英格蘭上議院大臣，具有多重身份：散文作
家、法學家、哲學家、政治家及科學家。曾自詡做

科學上的哥倫布。聽說培根確曾冷凍過一隻雞，看看能否保鮮。他主張，透過實際的勘查與檢驗，可以不受任何神話，詩性或其他成見所染，「往地上去，它自會教你」。他與亞里斯多德齊名，成為「知者之宗師」。他的名言是「知識即力量」。

　　當風蘊含憤怒與霸氣，能賦予生命，也能毀滅生命時，就形成希伯來文的 neshawmaw，具有「神的啓發、智性、靈魂、心靈、創造、毀滅」等的行動力之意。耶和華（Jehovah）上帝吹進亞當身上的，就是 neshawmaw。而耶和華就是耶穌前生的名字。耶穌另有一個名字是基督（Christ），這個字來自希臘文 Christos，其意爲「受膏抹者」。希臘文用 Christos 來翻譯希伯來文的 meshiach（就是「受膏抹者」之意）。這希伯來字則英化爲 messiah。因此耶穌基督又稱爲「彌賽亞耶穌」。這股風吹進人體使人具有靈性的證據，就是納瓦霍人（Navajo，美國西南部的一支原住民族）所相信的：人類的生命是聖風所賜予。聖風在人的手指及腳趾留下渦紋。「斗紋」象徵颱風眼，「箕紋」象徵氣流圖。

如果你仔細端詳這個「斗紋」及「箕紋」的圖樣，就知它們和颱風眼圖及氣流圖極為神似，此言不虛。經過修煉的靈體可以感覺到風在玄關（兩眉之間）處盤旋，經過修煉的意識體可以感覺到風在頭頂處灌入。

靈體具有意生身的能力，即由靈體的潛意識產生另一個或多個新的靈體，在靈界活動，意識體則進一步具有神變的能力，能使死人復活，並分身在娑婆世界（凡間）或靈界進行活動。例如馬爾巴（1012 年出生於西藏南部的洛札），從出娘胎起，就自然地具有神通。他的「遷識法」，讓一個人可以進入任何屍體內，然後變成那個人，活了過來。當馬爾巴去世時，仍示現許多奇蹟。他的弟子密勒日巴（1040 年出生於西藏上部的鄔泊璋）則繼承了那洛巴所傳給馬爾巴的「那洛六法」，成為證悟境界極高的一位大覺者，一個超凡聖人，雖因受盡叔父及姑母的百般凌辱而習得如何塗炭生靈的黑法，而且加以運用。後來透過上師的指引而滌盡了過去所造的諸惡業，終能顯現神通，得大成就，最後變成很有能力的人，勘與鑽石相比。那洛巴曾預

言，密勒日巴如同照耀在皚皚白雪上的陽光，把一切黑暗都去除掉。據說，當那洛巴聽到馬爾巴的弟子是密勒日巴時，他立刻雙手合掌表示恭敬，而且對著印度北方行禮。聽說由於那洛巴虔誠敬仰的合掌，那裡所有的樹木似乎也對這那個方向行禮。

密勒日巴（Milarepa）是一位詩人及聖者。「密勒日巴瑜伽觀頌」（The Hymn of the Yogic Precepts of Milarepa）中記載了他的頌歌如下。該文完成時間大約是在教皇烏爾班二世（Pope Urban II）鼓吹第一次十字軍東征（1096-1099）之際：

在六道的虛幻化城中
主要的因素是產生惡行的罪孽與昏昧
生命因此聽從好惡的使喚，
而沒有時間去認識平等；
避免，喔我兒，好惡。
如果你了悟萬物的空性，慈悲
就會在你內心升起；
如果你不再有自他的種種區別，你將
能處處服務他人；
在服務他人當中你將贏得成功，然後你將

與我相會，

而找到我，你將達到佛的境界。

其他最有名的案例為三國時的道士左慈及禪宗初祖達摩。茲引述這兩則故事如下：

在《三國演義》的第六十八回，羅貫中先生用一半的篇幅寫了左慈戲弄曹操的這一段故事。

左慈是一個瞎了一隻眼，瘸了一條腿的道士，他用法術把孫權進獻給曹操的四十餘擔大柑子都變成沒有果肉的了。後來他見到曹操，他剝開的都有果肉，但是曹操剝開的卻沒有。曹操賜他酒肉，結果喝了五斗酒還不醉，吃了一頭羊還不飽。曹操驚問原因，左慈說，他在峨眉山學道三十年，後來在石壁中得到天書三卷，名叫《遁甲天書》，能騰雲跨風，飛升太虛，穿山透石，雲遊四海，藏形變身，飛劍擲刀，取人首級。他勸曹操跟他進山修道，曹操推託說朝廷沒有合適的人才，左慈讓曹操把魏王讓給劉備，並說如果不的話他要飛劍取曹操的人頭。這下把曹操激怒了，命人抓住左慈拷打。可是左慈不但不痛，反而睡著了；用大枷

鐵鎖鎖了關進監牢，可是枷鎖自己落地，左慈身上沒有一點傷痕。連著關了他七天，不給他吃喝，可是安然無恙，曹操拿他無可奈何。

左慈後來又不請自來的出現在曹操的宴席上，他取出龍肝，隆冬時分種出牡丹，相隔千里釣出鱸魚，取來紫崗薑，後來又取出《孟德新書》等等。最後變化出一隻白鳩，等眾人抬頭看那隻白鳩的時候左慈已經不知去向。曹操看他本領如此強大，又聽他先前勸自己讓位給劉備，所以怕他成為後患，便命令許褚帶三百鐵甲軍抓他。

許褚追到城門，看見左慈穿著木履在前面慢慢地走著，許褚飛馬追趕，卻怎麼也追不上。直追到山裡面，有放羊的小孩趕著一群羊，左慈走進羊群，許褚拿箭射他的時候忽然左慈不見了，許褚就把羊都殺光後回去復命了。放羊的小孩正守著死羊哭著呢，忽然羊頭在地上對他說把羊頭放到死羊脖腔上，小孩嚇壞了，撒腿便跑，忽然聽見有人在後面喊他，別跑，還給你活羊。小孩回頭一看，左慈把羊都弄活了，趕過來了。小孩要問的時候，左慈像飛似的一瞬間就不見了。

　　小孩回去將經歷告訴主人，他的主人也不敢隱瞞，就報告給了曹操。於是，曹操便畫影圖形，四處捉拿左慈。三天之內，城裡城外一共抓住三四百個左慈，登時全城轟動。曹操派人把這幾百個左慈押到校場斬首，結果每個左慈的脖腔裡都飛出一道青氣，這些青氣到天上聚成一個左慈，招來一隻白鶴騎上了。曹操命令用弓箭射他，忽然狂風大作，飛沙走石，那些被斬首的左慈屍體都跳了起來，手裡提著他們的頭顱追上演武廳來打曹操。曹操連同文武百官都嚇得摔倒在地，一會兒風停了，那些屍體都不見了，後來曹操因為驚嚇便生了病。

　　左慈，瞎了一隻眼，瘸了一條腿，是一個其貌不揚的修道之人，修煉人；而曹操，是擁有無上權力的統治者。在外人看來，他們兩個相比當然是曹操屬於強的一方，可是後面的故事卻令人大感意外，左慈把曹操戲弄的夠嗆，然後飄然而去，後來曹操也因此而得病。這段人神相鬥的故事並不是羅貫中先生的杜撰，在我國的正史《後漢書》的第八十二卷《方術列傳》中就有記載。

　　達摩於東魏孝靜帝天平三年端坐而逝。他的屍骨按照佛教的禮儀裝殮入棺，十二月隆重地移葬在熊耳山，在河南省陝的定林寺內為他建造了一個墓塔，以作紀念。

　　東魏使臣宋雲因事出使西域久而未歸，對於達摩辭世的事一無所知。達摩死後兩年，宋雲從西域返回洛京，在途經蔥嶺的時候，迎見達摩一手拄著錫杖，一手掂著一隻鞋子，身穿僧衣，赤著雙腳，由東往西而來。二人相遇後，宋雲急忙停步問道：「師父你往哪裡去？」達摩回答說：「我往西天去。」接著又說：「你回京以後，不要說見到了我，否則將有災禍。」二人道罷，各奔東西。

　　宋雲以為達摩給他說的是戲言，絲毫沒有介意。回到京城以後，向皇帝復命交旨時，順便提到了他途經蔥嶺遇見達摩老祖回西天的事情。誰知話章未落，東魏孝靜帝就發了火，怒斥宋雲：「人所共知，達摩死於禹門，葬於熊耳山，造塔定林寺，你怎麼說在蔥嶺遇見了達摩，死人怎麼復活？這分明是欺君騙朕，豈有此理？」說罷，便令殿角待衛把宋雲扭出殿外，五花大綁投入南監。

　　事隔數日之久，一天，孝靜坐朝番理宋雲欺君一案。將宋雲傳上殿以後，孝靜帝問道：「你在蔥嶺遇見達摩的事情，究竟是怎麼回事，你要如實說來。」

　　宋雲先叩頭，後說話：「皇上容稟：蔥嶺見達摩，祖師光著腳，一手拄錫杖，一手提隻履。僧衣隨風飄，翩翩向西行。他說回兩天，不讓我吭聲，假若說出去，災禍必報應。臣覺是戲言，順便奏主君。如今從實說，句句都是真。不敢欺皇上，萬望是非分。」

　　孝靜帝聽了以後，半信半疑，真假難辯，無所是從。君臣們在殿角下，也是議論紛紛，有的說：「達摩去世，人所共知，哪有死人還陽魂？宋去犯的是欺君之罪，應當依法處置」；有的說：「達摩西歸宋雲見，監禁異敢再欺天，既然真假是非難辯，可以開棺驗屍。」孝靜帝採納了後一條建議，遂把達摩穴挖開，撬開棺蓋一看，果然沒有屍骨，隻剩下一隻鞋子了。宋雲蒙受的不白之冤遂平反昭雪。

　　由這個宇宙頻譜，我們知道，人類是從玄境而來，玄境又從涅槃境而來。那麼，涅槃境又從何而來？

　　涅槃境則從三界之外的炁，又稱純粹意識或氣化之紫丹桂光索而來。然而，炁又從那裡來？那個原始出處，道家無可名之，只好暫稱爲「道」。印度的耆那教及婆羅門教稱之爲「涅槃」，影響所及，佛教的正宗顯教及密言教的密宗也跟著沿襲了「涅槃」這個概念。

　　當然，形而上的東西，我們無從佐證，只好就形而下的命、形、精著手，進行修煉，再進入氣、神、太極與無極的境界去佐證形而上的具體事證。這一系列的修煉，可以爲我們帶來無量的智慧，財富與健康。毫無疑問的，這樣生育出來的下一代，必然也是卓越而優秀的。所以，無論你現在的身份地位如何，只要修煉得宜，必可再造人生，成爲你所要成爲的人，自我實現不是夢，悟道、修道、證道，人生三部曲，正等著你來印證。

　　有關形而上學（Metaphysics）的意涵及範圍，我們先定義語言學（Linguistics）。語言學研究語言的結構或語法，包括句法、詞法、語義及語用。當

語言由文字表達出來時，稱之為語文（Language），形成結構主義，主張有一種簡化的論述可以詮釋所有文本（text）的批評後段語文（Metalanguage）。Meta 在此泛指語文形成的其中歷程，語文形成之後的狀態，及語文繼之轉變的類型。例如，轉型學派的語言學，就是指由文學的情思轉為哲學的反思；由審美轉為批判；由被決定的，受指導的轉為自主的、先驗的；由漸進的、溫和的改良轉為突變、劇烈的革命；由強調以科學、理性、邏輯為基礎的現代主義轉為反對各種約定俗成的後現代主義。

但後結構主義者反對這種簡化主義的方法論，並且認為一個文本之外不可能存有一種中立全知的觀點。為了解決這個紛爭，形而上學（Metaphysics）此時就派上用場了。Physics 指的是物理學。物理學研究物質、能量、空間、時間及其各自的特性與相互關係，大至宇宙小至基本粒子等一切物質最基本的運動形式和規律都在其研究範圍內，因此成為其他各自然學科的基礎科學也是自然科學的帶頭科學。根據上述 Metalanguage 的解

說，形而上學（Metaphysics）指的就是研究物理界創生的其中過程，物理界創生後的狀態及其後續的演化情形。同時形而上學也能連結並說明所有構成份子彼此之間的相互關係。因此，形而上學的範疇的確認証了結構主義的全知主張並以中道的立場統籌一切。至於物理界創生前的內涵，則屬神學的領域。

第二章　生命的起源與靈動力

性高潮的分類，運作及效用

領袖與靈界的互動案例

人類的生命從那裡來？從男女交媾的性行為與受精卵而來。其他卵生，濕生及化生的，甚至與巴婁馬（Baloma，鬼魂之意）神交而來的，不在本書討論之列。如果有性行為，又產生了受精卵，那麼就是順生為人。如果只有性行為，但沒有受精卵的產生，那就是逆生為仙。

所以，如果人類要體會未出生前的狀態，除了死亡以外，就只有性行為的唯一途徑。但是性行為如果沒有性高潮的產生，只是一種快感或疼痛，那就依性行為的品質而定。

性高潮有兩種：一種是肉體的性高潮，或高峰

性高潮，只能維持數秒鐘而已。男性比較容易達成肉體的性高潮，在射精出來的瞬間，是暢快無比的。女性比較不容易達成肉體的性高潮，因爲如果陰道內的 G 點（Gräfenberg spot 或 G-spot）沒有被觸碰或磨擦到，是無法產生性高潮的。根據肯色（Alfred Kinsey）和希特（Shere Hite）分別在 1954 年及 1974 年發表的研究，發現大約只有 30%的女人在性交中能達到高潮。肉體性高潮的最高境界爲男女雙方同時放精，稱之爲「摩摩那」（Momona），這是人類進入開悟時刻的介面，與「谷底性高潮」或「靈性性高潮」相連接。

　　G 點是女性陰道前壁周圍的區域，圍繞着尿道，也是尿道海綿體的一部分。它是女性的性感帶，當受到刺激時，能夠引起高度性興奮及女性潮射的性高潮。

　　請注意，G 點是位在陰道前壁周圍的區域，亦即，在前段甚或極淺處，而非在中段或後段的位置。所以說，女性能否達到性高潮，跟男性的陽具

大小或長度沒有直接的關聯。甚或在陽具微硬的情況下，也能讓 G 點被觸動而引發性高潮。

　　但是，G 點並非位於一個固定的定點上。它可以位於前段陰道的任何一點上，換言之，G 點是活動的。因為陰道的末梢神經並不發達，相對的，陰蒂有很深的組織，陰蒂的神經極為敏銳，陰蒂能像陽具一樣勃起，陰蒂的神經則直達脊椎的底層神經。所以說，女性的性高潮，必須陰蒂的受擠壓及陰道 G 點的被觸動同時運作，才可能發生高品質的性高潮。而陰蒂在觸手可及的性器官外部，所以囉，這項訊息是男女共同的福音，現在可以歡歡喜喜的進行合體了，男性無需擔心自己行不行。了解這個道理，「不行」也「行」。

　　另一種叫做「谷底性高潮」或「靈性性高潮」，有兩個法門可以修行。一種是譚催（Tantra）靜心法門，另一種是「谷丹經」法門。詳情請參閱第三章。

　　如何知道自己是否經歷過性高潮而非只是快

感？很簡單。如果你或妳無法一語道破，就是未曾
經驗它。性高潮就是一種身體輕飄飄無重力的感
覺，像飛起來一樣，同時頭腦中的意識也停止作
用，腦中一片空白。無記憶、無覺知、無自我。

　　當然，修煉的目的不是追求快感或高潮，而是
拓展自己的肉體，靈體與意識體，讓三個身體與三
個靈魂同步達到最高最輝煌的境界。也就是克里希
那所說的「輝煌尊宏」（Vaibrava-Prakasa）拓展，
這個論點與尼爾‧唐納‧沃許（Neale Donald Walsch）
的主張完全巧合性的高度一致。詳情可閱讀他的著
作「與神對話問答錄」（Questions and Answers on
Conversations with God－新時代系列 101，孟祥森
譯，方智出版社）。他另有「與神對話」共三冊，
暢銷全球 1,300 萬冊，被譯成 34 國語文。

　　這個上衝的力道非常強大，可以脫離地心引力
的限制，飛到九霄雲外。那即是涅槃境界。涅槃境
界是寂然的，卻也無為無不為，因為達到這個境界
時，能量強大無比，智慧也深廣而無邊無量，當然
可以無事不辦，濟世渡人。

　　再者，卵子是一個細胞，精子是另一個細胞，兩個不同的細胞結合後，成為一個共同的細胞體，叫作受精卵。這是命的起始點。從胎兒開始發育到出生，接著人體人形就確立了。然而，我們只知道肉體，不知還有靈體及意識體。換言之，我們是有三個身體的。靈體是居住在腦部的松果體（杏仁核）內。意識體則居住在頭頂的百會穴。法國的存在大師笛卡爾曾說過：靈魂潛藏於原生質（Protoplasm），就是孵於松果線（Pineal Gland）。請注意這個孵字，意指靈體也需要經過培育修煉，才能成長茁壯，意識體亦然。

　　每個身體都有一個心臟，也都是不隨意肌，你無法任意叫它停止跳動。肉體的心臟跳動，你我都可以感覺到。但靈體及意識體的心臟跳動，非經過修煉，是無法得知並感覺到的。道家講的煉精化氣，煉氣化神，煉神還虛及密宗的修煉中脈，都是指修煉人的靈體與意識體。

　　未經修煉的靈體與意識體，是與肉身同步成長的。例如，如果胎兒未出生就死，或未成年就死，

那麼它的靈體就是他死去時的模樣。這就是魔神仔為何都是小孩或青少年的居多而且會捉弄人，因為它的靈體與意識體也都未成年。成年人很少會像小孩一樣捉弄人。

經過修煉的靈體，它的心跳你可以感覺到。就在玄關（兩眉的中間）的地方，以螺旋體向內斂收的方式在蠕動，那股吸力很強，整個頭部都會充滿一股能量。靈體的心臟也是不停的蠕動，像一條蛇一樣，盤在腦幹上的松果體內。

經過修煉的意識體，它的心跳非常細膩。它是以放射式向外噴出的模式跳動。它的力道有點像針刺一般，刺在頭的頂部，但不會痛，反而有麻舒的感覺，同時震動力也能貫穿兩個睪丸（卵巢）與兩個腳拇指，引起收縮內斂式的抽動。此時，可勾起雙腳掌的五個腳趾向內收縮，並轉動雙腳頸，右腳頸順時針扭轉，左腳頸逆時針扭轉，直到感覺微酸，就可放鬆休息。如此重覆二到三次，必可使陽具堅挺，陰戶緊扣，實為鍛鍊身心的法寶。

如果靈體的心跳與意識體的心跳甦醒了，跳動個三，五年後，會在額頭天庭處留下兩條通衢的路徑痕跡。這兩條微微凹下的通衢，分別代表靈體與意識體。

如果是修密宗中脈的，修到某一程度與境界，頭頂會下凹，可以用其草的莖下探到腦中一定的深度，甚至可到達松果體的位置。為了防灰塵，所以得道的喇嘛都會戴一頂僧帽。修煉火侯到位時，會有五種徵候：1.面頰粉嫩如嬰兒，鶴髮童顏；2.指甲堅硬銳利如刃；3.長出前所未生的落腮鬍；4.鎖精並氣化之；5.小腹平實。

在此一提，密宗的高僧也用合體的方式幫助修煉無上密而得成就。連宗教改革者宗喀巴都承認，如果沒有修實體明妃（就是真的去找個佛母來修），就必須經過中陰身（肉體死亡後尚未投胎轉世前的靈體）。在黃教格魯派的經典中，也以主體的大樂去體會空性的能量真諦，大樂主體與空性客體結合為一，無二無別。大日如來在他的「本願本誓中」也說：「透過慾心而直見法性」。道家也說，

修行的四條件：財、侶、法、地，其中的擇「侶」
合體而修，正是此意。

　　信奉克里希那的門派叫做外士那瓦宗
（Vaisnava），每個門徒都會在前額畫兩條直線。這
兩條直線，叫做克沙瓦。克沙瓦是克里希那許多名
字中的其中一個，代表 11 月的意思，其他的十一
個月份則以其他不同的名字，分別代表其他不同的
月份，畫在身上。因此，你可以在門徒的身上看到
總共 12 個兩條直線的符號。這代表天地都可以從
克里希那的身體中創生而流出。克里希那教導人們
不可與自己的妻子吵架並透過主采坦耶揭示了修
行五部曲：1.成為虔信者；2.物質的富裕；3.全面的
感官享樂；4.體認解脫；5.獲得解脫。換言之，即
是透過物質與情欲的知覺昇華為智性光輝的產出。

　　克里希那的外士那瓦宗以唱頌下列的摩訶曼
陀羅（Maha Mantra，一種用音振的方法與所信奉
的神明溝通）而廣為人知：

Hare Krishna, Hare Krishna, Krishna, Krishna, Hare, Hare; Hare Rama, Hare Rama, Rama, Rama, Hare Hare.

如果你上 youtube 網站並 key 下面的兩首曲子，就可以聆聽那美妙動人的韻律：

1. Maha Mantra (reggae style) por C.C. White.
2. Hare Rama Hare Kishna | 108 Times Chanting of Maha Mantra.

Hare 是將不好的事情帶走，將好的事情接引進來。當你唱頌這個摩訶曼陀羅時所發出的音振與頻率，可以直達天庭「溫達文拿」，它位於無憂星宿，是克里希那的逍遙住所。這個摩訶曼陀羅要唱頌108 遍，與天地之數 36 天罡加 72 地煞相合。

克里希那 Krishna 是至尊性格神首，是宇宙中一切事物的終極源頭。印度的三大神祉爲大梵天（Brahma），大自在天濕婆（Shiva）及毗濕奴（Vishnu），克里希那是毗濕奴從身上拔下一根黑毛

所化生，是毗濕奴第八次的轉世。克里希那在梵文的意思就是「黑色」。黑色能吸收光譜中的七種顏色及白色，代表了他具有一切的吸引力及執行力。中文將克里希那稱爲「大黑天」。克里希那教導人以愛伺奉他，無需透過冥想（Meditation），研讀經典，哲學思辯或各種業報活動去了解，辯駁或取悅他。信奉者可以得到主的恩慈做爲唯一的依靠。信奉者的自我就會時常感到溫順謙恭，世界則自然一片祥和，充滿愛，沒有爭戰。Rama 是 Balarama 的縮寫，是毗濕奴從身上拔下一根白毛所化生，是毗濕奴第七次的轉世。白色調適並綜合了光譜中的七種顏色紅、橙、黃、綠、藍、靛、紫而以單一白色展現，代表了他調和鼎鼎與純淨光明的能量。因此，也被同時唱頌著。佛陀則爲毗濕奴第九次的轉世。最後的第十個轉世者將爲卡爾奇（Kalki）。

在實際的印度廟宇參拜方面，外士那瓦宗的信眾將 Balarama，Krishna 及 Krishna 的配偶 Radha 放在一起供奉。Krishna 在中央，Radha 在左側，Balarama 則在右側，與佛教的西方三聖阿彌陀佛、

觀世音菩薩、大勢至菩薩的對應位置完全相同，也與道教的三清元始天尊、靈寶天尊、道德天尊及基督教，天主教聖父、聖靈、聖子三位一體的概念完全一致。

再回到主題。靈體是有形無體的，靈體的活動僅限於在靈界或所謂的色界，景觀亮度昏暗。靈視看到的物體是隨機而不連貫的。聖典「博伽瓦譚」記載了靈魂體的長度及寬度，近乎髮梢的一萬分之一。科學也已證實，人在命終的一剎那，靈體會脫離肉體，體重因而突然減輕 21.3 公克左右（因人而異），如果是經過修煉後的靈體，則只有若干毫克。因為精煉過的靈體非常細緻，接近無重量，所以用無體稱之。

意識體則是無形無體的，活動範圍在所謂的無色界，景觀非常明亮。因為意識體有神變的能力，所以，有時會顯些光鮮亮麗的景像讓靈體看到。當然，肉體的肉眼是閉著的，無法用肉眼看到，但靈體的靈視及意識體的靈視都可以看得很清楚。有關修煉的歷程與現象，下列的引述有清楚的說明。

太上老君曰：

夫煉大丹者。固守爐竈。返老還童。
功成行滿。氣化爲血。血化爲精。
精化爲髓。一年益氣。二年益精。
三年益脈。四年益肉。五年益髓。
六年益筋。七年益髮。八年益骨。
九年益變形神。身中有三萬六千精光。
神居身不散。身化爲仙。足下雲生。
頂中鶴舞。好日長生。功修不息。
關節相連。五臟堅固。內炁不出。
外氣不入。寒暑不侵。兵刃不傷。
昇騰變化。壽齊天地。玉女侍衛。
玉童相隨。上佐玉皇。下渡黎民。
號曰眞人。

眞人者，可與天地同化，與天地同存，與天地同終者也。

博學而無所不知，善行而無所不能，善存而無所不神，所過而無所不化。

經過修煉的靈體與意識體，會向他們靈界的生

靈結盟，或彼此爭鬥。因而，欲界的娑婆世界所發生的戰爭或企業競爭，也與我們現實社會的現象緊密結合。關於領袖與靈界及自然界的互動案例，說明如下：

　　根據前美國國務卿季辛吉（Henry Kissinger, 1923- ）的說法「拿破崙（Napoleon Bonaparte 1769-1821），是透過神意和武力來獲得他的合法地位」。而拿破崙自認是查理曼大帝（Charlemagne 742-814）的化身及凱撒（Gaius Julius Caesar 100-44 B.C.）的再世，所以加冕典禮時，教宗賜予的帝位象徵物都是沿襲查理曼古制，手持刻有查理曼大帝雕像的權杖，腰佩相傳為查理曼大帝的佩劍；即帝位時所戴的月桂冠也是羅馬人頒贈勝利者的象徵。

　　查理曼是法蘭西國王，他的父親是矮子丕平（Pepin III 714-768），拿破崙的身材也不高。同時，拿破崙有句名言說：「請相信我，上天操縱著一切，我們衹是它的工具而已」。查理曼在位四十五年，發動了五十四次戰爭，是薩克森的征服者，也是神聖羅馬帝國的締造者，版圖包括現在法國的大部

分，德國、瑞士、奧地利、荷蘭以及義大利大部分
地區等。而拿破崙在稱帝的統治期間（1804-1815），
成為萊茵聯邦（Rheinbund）的保護人，初期包括
前神聖羅馬帝國 16 個邦國，加上後來加入的 19 個
邦國，統治人民達 1,500 萬人，對鞏固法國東部具
有策略性的優勢，他同時也是瑞士邦聯的協調人，
在文治武功上都有卓著的成就，特別是拿破崙法典
（Code civil des Rrancais）成為歐洲及許多國家民
法的源頭。關於凱撒征服高盧（Gaule）的部分，
請參閱第七章。拿破崙的另一句名言「偉大的思想
能變成巨大的財富」，也與本書第七章的富裕論前
後呼應。

　　愛德華・吉朋（Edward Gibbon 1737-1794）是
英國的歷史學家。他在《羅馬帝國衰亡史》（*The
History of the Decline and Fall of the Roman Empire*）
的著作中提到兩位領袖的身亡都發生日蝕的現
象。當凱撒被謀殺時，太陽暗淡無光，這點是引述
自古羅馬作家普林尼（Gaius Plinius Secundus,
23-79）的作品《博物志》（*Naturalis Historia*，又譯
「自然史」，被認為是西方古代百科全書的代表

作。）當耶穌受難時，許多的詩人及歷史學家都提到過那次的日蝕。先總統蔣公逝世消息發布的當天，我正好在在台中成功嶺接受班長的訓練，親自目睹太陽被日暈所包圍，也是暗淡無光，當時正是中午時刻。

　　再舉例而言，德國納粹標誌幟「卐」，來自於印度最古老的團體之一的耆那教。耆那教的標幟是「卍」。希特勒派日本的海生和夫一干人等到西藏去尋找印歐語系民族最古老的標誌做為納粹黨的黨徽，希特勒曾向喇嘛學習過，他們找了三年才找到。這個標誌的本身，即具有極大的天地靈動力與奧秘。因為它是經過長年掩埋在地下而最終被挖出，見了天日，再加上人為逆勢的運作，於是，這天地人的靈動綜效，產生了驚天動地的第二次世界大戰。海生和夫建議希特勒採用這個標誌做為黨徽，但方向要相反，因為這個原方向的標幟是最古老的。如果將它的方向反過來，就是最新的標幟。希特勒接納了這個建議。在這裡我們看到了反物質的例證。倒行逆施的結果，其破壞力是非常驚人的。

　　希特勒是天上的靈團「愛袖卡九人小組」所選擇的人，經過了好幾個世紀的籌備與醞釀。在地上的組織則叫作「新聖堂騎士團」，是一個反猶太的組織。認爲亞利安人的血統最優秀，應該保持血統的純正，世界才有希望。這個組織的發起人是一個傳教士兼占星家，他曾爲希特勒占卜，預言他日後將會是一位震撼世界的人。聽了這些話，希特勒很振奮，這助長並激勵了他統治世界的野心。曾有一說，希特勒的梅毒是經由一位猶太妓女所傳染，因此特別痛恨猶太人。

　　戰爭初期，每當他下一道軍事命令，他的眼睛就會閉起來，情緒亢奮，身體開始顫抖、出汗、而且聲音完全變了樣，就像著魔一樣。他的指令完全背離兵法理則，讓所有將領都瞠目結舌，但也只能聽命行事。比如說，就戰略而言，希特勒強迫陸軍總部放棄德國在西線的防禦戰略而改爲準備發動攻勢的攻擊戰略。陸軍總司令馮・布勞齊區（von Brauchitsch）及參謀總長哈爾德（Halder）都相當懷疑其成功的可能性，當時的 C 集團軍總司令馮・賴布上將尤其表示高度的懷疑。馮・波克上將及第

六軍團司令馮・賴興瑙（van Reichenau）則提醒希特勒應注意當時惡劣的天氣，並主張無論如何都要延緩發動攻擊時機以便讓陸軍有改進訓練的機會，最好是明年春天再發動攻勢。他們一致認為，現有的兵力，物資及訓練都還不夠，他們都希望元首採取和平政策，使交戰雙方能達成某種政治上的協議，他們也直覺的相信德國不可能擊敗英法聯軍。結果是英法聯軍大敗，形成爾後短短 10 天內，把 34 萬英、法、比大軍撤回英國的敦克爾克大撤退。

　　就戰術而言，A 集團軍參謀長馮・曼斯坦中將建議從一開始就應把攻擊的主力放在 A 集團軍而提出了軍力佈署的「曼斯坦計劃」，但許多其他國防軍的高級將領都對此計畫非常不滿意。1940 年 2 月 14 日馮・曼斯坦結合了希特勒本身的意見，提出了卓越作戰提案的新部署計劃，這個新的「曼斯坦計劃」使得陸軍總部在德軍的戰術應用上達到最高的境界。而它在近代軍事史上被稱為「鐮割」計劃（"Sichelschnitt" Plan）。1940 年德軍在西線的勝利就是奠基於此計劃。西線戰役的成功造就了希特勒軍事無敵的神話。

　　希特勒爲了急於在戰場上表示他才是國防軍的最高統帥，決定將作戰指導的全權轉交給第四軍團，進一步同意並批准了 A 集團軍總司令馮‧倫德斯特的建議，下了一道命令：「第八和第二軍，與 B 集團軍左翼合作，自阿利斯以東攻擊，並繼續向西北推進。在另一方面，向阿利斯西北進攻的兵力卻不應越過藍斯－貝特烏涅－艾瑞斯－聖奧美爾－格拉維林之線（運河線）。在西翼上，所有的機動單位都應靠攏，讓敵人自己去衝撞上述的那道有利防線。」

　　希特勒的這項新命令使陸軍總部感到極大的震驚，對陸軍參謀總長的打擊尤其重大，因爲作戰指導本由他負責，同時，這個軍事行動的干涉也危害了作戰第一階段的成功結束，更危害了「反正面殲滅戰」的偉大觀念。這個趁勝卻叫停的舉措，是德國戰史上史無前例的。後來希特勒召見馮—布勞齊區，一小時後，他興高采烈的回到陸軍總部，宣佈元首終於命令向敦克爾克前進，以阻止敵軍由那裏繼續撤退。

　　但這樣的軍事戰略及戰術行動卻帶來了初期的莫大勝利，幾乎橫掃了整個歐洲。他以為是自己的成功而損高我慢，不願接受他人的意見與規勸。於是後來就拒絕並放棄背後指導靈團的介入與指導，要照自己的意見行事：開闢新戰場，攻打莫斯科，且計畫與日本分進合擊，在印度會師，意圖征服世界。就從決定攻打莫斯科的那刻開始，下達軍事命令時，就從來沒有再欣喜若狂過。當然，也自此埋下最終必然失敗的因子，走向自我發狂，自我毀滅。

　　詳情可以參考《道之門》，Bhagwan Shree Rajneesh 著，武陵出版社，林國陽譯，第 224-227 頁及《二次世界大戰決定性會戰》上集，德國軍事研究協會編著，紐先鍾翻譯，星光出版社。

　　第三個例子，是利比亞強人格達費（Muammar Gaddafi, 1942-2011）。他常在公開的場合對大眾唱頌 "Zanga Zanga"，他也特別喜歡 Zanga Zanga 的舞曲。Zanga Zanga 的奧意是一位機器人，它的名字叫作 "Zanga"，希望有一天找到人的心臟與智

慧。後來終於達成願望。人們問「他」：「Who are you?」，「他」回答：「Remix」。格達費因此練就了強健的體魄與鋼鐵般堅強的意志，直到臨死也不投降。他的守護神是 "Fatima"，穆罕默德之女（606-632）也用這個名字。因此，格達費只信任女人，所有貼身的禁衛隊全是女性，而且是處女，並遂行合體的任務，育有一女七子。

格達費統領利比亞達 41 年又 11 個月，集權力與財富於一身，就像其他大部分的帝王或擁有權勢者一樣，僅停留在肉體的縱欲與滿足裡，屬於初階的 Erotic Lounge。他不懂進階的 Erotic Bar Chill Out Lounge，如何導入冷卻的譚催技巧，因此才會從一所學校中擄走一個少女，將她囚禁起來當他的性奴達數年之久，也才會對他的異議者及抗議的民眾及反對者進行血腥屠殺，當然，他更不懂高階的 Tao Lounge，最終導致眾叛親離及殺身的悲慘下場，甚為惋惜。

Erotic Lounge, Erotic Bar Chill Out Longue 及 Tao Lounge 都是來自於歌曲的曲名，最能貼切的描

述了房中術的三階段發展精義。懂得進階的 Erotic Bar Chill Out Lounge，就會將威權與慈悲結合，可以保有基業 100 年，懂得高階的 Tao Lounge，就會將威權、慈悲及智慧融合，可以確保基業達數百年之久。

Lounge 的名詞，是沙發之意，供人休憩之用。Lounge 的動詞，是指慵懶地橫靠或坐著。將 Lounge 的名詞與動詞合起來看，最能描素性愛後身體的舒坦狀態。能寫出這樣的曲名，編出這樣的曲調，它的作曲者肯定是個高人，毫無疑義。

第四個例子，是穆罕默德（Muhammad, 570-632）。

他的全名是阿布·阿爾卡西姆·穆罕默德·本·阿卜杜拉·本·阿卜杜勒·穆台列卜·本·哈希姆，الغرض ،البريطانيــــة الموسوعة من مأخوذة المقالةالتاليــــة بالعربيــــة للقـراء آسـف ، فقـط التوثيـق منها *Abū al-Qāsim Muḥammad ibn 'Abd Allāh ibn' Abd al-Muṭṭalib ibn Hāshim.*

　　他有一句名言：「朝上帝邁進一步，上帝就會朝你邁進一千步」。他有超人一等的智慧，這也是上帝爲何選擇他爲先知的原因。

　　他在解決紛爭的事情上非常公正，尤其著名的是以下這個故事：

　　　　卡亞巴這個地方的克爾白是一座立方體的石造建築，在一次洪水中被摧毀後需要重建，麥加各部落的首領都爭著要作爲將那塊神聖的黑色隕石放回原處的人。穆罕默德想出了一個妙計，成爲解決這個爭執的公正人。他讓大家在地上鋪一塊大白布，將這塊石頭放在白布中央，然後讓城內各部落的首領一起將這塊白布抬到卡亞巴的中央，而穆罕默德自己則將這塊石頭安置回克爾白的原處。他不但幫助解決了糾紛，還獲得了「可靠者」（Al-Ameen）的美名。同時，他也很有善心，他的一個叔叔建立了一個幫助窮人的組織，他也非常積極地參加其活動。

　　穆罕默德是一個善於思考的人，40歲那年（610年），他如常在麥加的希拉山洞裡徹夜沉思。據《聖

訓》和穆斯林文獻所記載，在沉思時先知穆罕默德聽到大天使吉卜利里（加百列）第一次把真主（造物主）的啟示傳達給他：「你應當奉你的創造主的名義而宣讀，他曾用血塊創造人。你應當宣讀，你的主是最尊嚴的，他曾教人用筆寫字，他曾教人知道自己所不知道的東西。」（96：1-5）宣稱從此真主揀選了穆罕默德為真主的最後先知和使者，開始創立伊斯蘭教。

由於受到天啟的影響，他從不識字，不會書寫到成為一位政治家、軍事家和社會改革者，是世上唯一在宗教與世俗兩方面都很成功的人。

阿拉伯半島上的貝都因人以勇猛善戰稱著，但人數少而且四分五裂，穆罕默德在歷史上成為第一次將它們統一起來的人。這支人數不多的穆斯林軍隊開始了史無前例的大規模征戰，以卓越的戰鬥，掃平了美索不達米亞、敘利亞和巴勒斯坦，並從拜占庭手中奪取埃及。到632年穆罕默德去世時，整個阿拉伯半島已經大體統一。穆罕穆德有很多的配偶，超過了他所創立的伊斯蘭教的教條所規定的四

個。顯然的，這也是他篤行合體修煉的證明。

　　第五個例子，是毛澤東（Mao Zedong, 1893-1976）。

　　這個人少有大志，而且文采奕奕。「自信人生四百年，會當擊水三千里」可見一斑。下面這首七律「有所思」，更顯出他的文思敏巧與胸懷壯志：

> 正是神都有事時
> 又來南國踏芳枝
> 青松怒向蒼天發
> 敗葉紛隨碧水馳
>
> 一陣風雷驚世界
> 滿街紅綠走旌旗
> 憑欄靜聽瀟瀟雨
> 故國人民有所思

　　後來舊地重遊井崗山，昔日形同草寇，今日一統，尊比帝王。心中有感而發，寫了一首詞：水調頭歌　重上井崗山：

久有凌雲志，重上井崗山。

千里來尋故地，舊貌變新顏。

到處鶯歌燕舞，更有潺潺流水，高路入雲端。

過了黃洋界，險處不需看。風雷動，旌旗奮，
是人寰。

三十八年過去，彈指一揮間。

可上九天攬月，可下五洋捉鱉，談笑凱歌還。

世上無難事，只要肯登攀。

　　他一生養成愛好讀書的習慣，可謂博覽群籍，
在眾多「土八路」出身的中共幹部中，他是一支獨
秀的。同時，這個人運籌帷幄，謀國甚殷。中共在
1949.10.1 立國，但是「十二五」（12 個 5 年計畫）
卻在 1953 年就制定了。這一點，卻極少人注意。
也就是說，開國後不到四年的時間，就提出了一個
六十年的國家發展計畫。

　　他有兩個左右護法，林彪與彭懷德。抗戰伊
始，中共紅軍接受國民黨中央政府改編為「八路
軍」。林彪任 115 師師長，就在平型關打了個漂亮
仗，殲滅了日軍一個師團。彭懷德則在華北平原發
起「百團大戰」，威震日寇。1945 抗戰勝利後，他

派林彪率 10 萬幹部到東北，接受蘇聯紅軍的裝備、收編，發展起了第四野戰軍，號稱雄獅百萬，後來從黑龍江一直打到海南島。

彭懷德則多次救駕毛澤東。1927 年 8 月，即32 年前，他離開韶山發動秋收起義，拉隊伍上井崗山，搞「瓦崗寨」式武裝割據，被稱爲「毛匪」。後來因富田事件有人要逮補他，彭懷德出面鼎力相救。在長征路上，遵義會議後，張國燾另立黨中央，派兵追殺毛澤東等人，紅軍副總司令彭懷德親率紅一軍團、紅三軍團，將士浴血苦戰，救了他，讓黨中央安全抵達陝北。1947 年國民黨的胡宗南將軍率二十萬大軍進攻延安，共產黨中央撤守，而由彭懷德指揮延安保衛戰，救毛澤東於水火。

1950 年韓戰時，彭懷德又親率志願軍與美國作戰，後來打成平手，南北韓在北緯 38 度線停下來和談。毛澤東的唯一兒子毛岸英也在韓戰中捐軀。

毛澤東進一步要做世界革命的領袖，做第三世界的代言人。因此常經援亞洲、非洲、拉丁美洲人

民的革命鬥爭。六十年代末七十年代初，由於連年的運動及全國各地不斷的武鬥，經濟已陷入嚴重危機。國務院總理周恩來每次將無償（non-recourse）援助款項的清單交給他過目的時候，他常常在數字後面添加一個「0」，把十五萬變成一百五十萬，兩百萬變成兩千萬，三千萬變成三億，使得周恩來頭冒冷汗，暗自叫苦不迭。但偉大領袖的「最高指示」只能字字照辦，堅決執行。

何以見得毛澤東的逝世與天啓有關？

1976 年是非常詭異的一年，發生了許多大事如下：

一月八日　　周恩來去世，中共政權失去平衡，内鬥加劇。

二月中旬　　一顆重達數噸的隕石，帶著一道巨大的火龍，降落在東北吉林省。自古以來，隕石落地，即預示著皇上駕崩，改朝換代，新帝登基。

三月中旬　　毛澤東數度中風，昏迷不醒。

四月五日　天安門廣場聚集百萬人自發祭祀
　　　　　周恩來，引起「反革命暴亂」，中
　　　　　共武警及「首都民兵」開槍血腥鎮
　　　　　壓，稱爲天安門事件。

五月下旬　毛澤東最後一次接見外賓，從此臥
　　　　　床不起。他用顫抖的手寫下他生平
　　　　　的最後六個字：「你辦事，我放
　　　　　心」，指定華國鋒爲接班人。

七月六日　中共最高齡的元老，中共軍隊總司
　　　　　令朱德謝世，享年91歲。

七月二十八日　距北京東北方向三百餘公里
　　　　　的工業城市唐山，發生有史以來最
　　　　　強烈的大地震。整個城市夷爲廢
　　　　　墟。一百一十萬人口中，傷亡達七
　　　　　十萬。地震還波及天津，倒塌房屋
　　　　　數萬間，數十萬人無家可歸。連北
　　　　　京市區繁華的王府井大街上，鋼筋
　　　　　水泥的百貨大樓也震裂了東南角。

九月九日　凌晨零時，毛澤東逝世。

　　毛澤東的名字也很有意涵，是母親所取的。
「澤」是毛氏族譜的排字，澤東意指施光澤於東
方。另兩個弟弟分別取名澤民與澤覃，但都夭折。

他對蘇聯深懷輕蔑心理，並立志要以中國式的社會主義超越原始蘇聯模示，並將中國提升到先進西方國家的水準。大躍進時的超英趕美，就是基於這樣的壯志。1958-1960 年的「大躍進」，口號是「一天等於二十年」、「人有多大膽」、「地有多大產」、「放糧食衛星，放鋼鐵衛星」（指產量幾倍幾十倍的增加）；1966 年文革初期，「人民日報」社論形容那是「觸及人們靈魂的大革命。它觸動到人們根本的政治立場，觸動人們世界觀的最深處，觸動到每個人走過的道路和將要走的道路，觸動到整個中國革命的歷史」，清算鬥爭的對象包括了意識形態、人生觀、價值觀，和以往一切的所作所為。因此，大破大立的「破四舊，立四新」（舊思想、舊文化、舊風俗、舊習慣；新思想、新文化、新風俗、新習慣）就成為「文革」最主要的任務，並留下一句「和尚打傘」（無髮無天）的千古名言。1968 年文化大革命時，毛用「噴氣式」的折磨方式向政敵展開全面報復：受害者面對氣勢洶洶的人群，雙臂被狠狠的擰在身後，左右兩人一手擰臂，一手重重地按頭。毛對紅衛兵領袖說，如果他的父親還在，也得坐「噴氣式」。

　　毛澤東性慾極強，妻妾無數，喜歡叫女人在上邊，到了最後那一忽兒功夫，才叫她下來。他要自己舒服，也叫女人銷魂。女人像上菜般輪番貢入，許多具有無產階級背景可靠而又美麗的女孩被徵召，獻作他的床伴。有些女孩還備感榮耀，並引介其親姊妹共沾雨露。他希冀以道家御女的房中術來戰勝死亡，但眞正了解房中術的精要與技巧者幾稀。《漢書·藝文志》曾記載：房中者，性情之極，至道之際，是以聖王制外樂以禁內情，而爲之節文。本書谷丹經是唯一的解密之鑰。

　　有高度性慾的人，創造力豐富，因爲經常有豐富的磁力供應，因此，戀愛與做愛，可以提供源源不斷的創造靈感及創造能量。在短時間內一再想要做愛的慾望，並不一定是性得不到滿足。那是表示在性的融合中達到開啓的，擴張的狀態是如此愉悅、如此清醒，因而希望，尋求並維持那種性能量升高的狀態。在性活動中，雙方都可獲得並交換能量，且反映在生活的每一個層面。性能量又叫亢達里尼或拙火，是生活中所有成功的基礎，包括健

康、事業、人際關係及社會服務等，最重要的，更可以增強與靈界的靈動力。

　　第六個領袖與靈界的互動案例，則為日本戰國時代的武田信玄與上杉謙信。上杉謙信是他的母親袈裟去春日山城外的毘沙門堂祈願百日而來，不論颱風下雨，從不間斷。上杉謙信也篤信毘沙門天神，朝晚禮拜，他的軍旗上就是以「毘」字做為號幟。在 1561 年與武田信玄的川中島大戰前在毘沙門堂閉關，釐訂作戰計劃。後來洞悉武田信玄的啄木鳥戰法而悟出車輪戰法破解之，並單槍匹馬直搗敵方主帥陣營，拔出二尺七吋五分長的兼光名刀三度砍殺武田信玄，挫其銳氣。武田信玄的祖先武田信義奉以仁王的命令討伐平家時，曾得諏訪大明神顯靈相助。因此信玄用長 4 公尺，寬 0.4 公尺的紅底絹布，在上面親自寫下「南無諏訪南宮法性上下大明神」的神號，並飾以金粉，做成二十幾面大軍旗。他在兵馬倥傯之際，仍不忘修禪和到本山妙心寺去添香油；決戰前也會進行占卜，觀測神意，並祈求四聖人（伏羲、文王、周公、孔子）相助，旗開得勝。

第三章

煉精化氣 大衛之星的形成

靈體與意識體的復甦與鍛鍊
費洛蒙與靈魂雌雄同體的聯結

　　這是本書精華之所在。人人可修煉,而且效果
卓著。中國道家的精隨,也顯示在這三個字精、氣、
神上。由煉精化氣,煉氣化神,煉神還虛的過程中,
我演繹出谷丹經經文如下:

　　谷者,神之居。
　　丹者,精之華。
　　經者,氣化之紫丹桂光索。
　　妙道千古不傳之寶。
　　用以還丹御神,齊行宇宙,成就一切金剛法。

　　首先,我們來看看這個「谷」字的造型。這是

一個女性騎坐的姿態。上面是雙臂垂下，中間是兩隻大腿跨騎，接著是生殖器的陰道口。但為何是神之居呢？因為我們的脊椎骨由尾椎延伸到腦幹，成S形。底端的部位，即是生殖器的所在，也是亢達里尼性能量活動的起始點，男女皆然。因此，谷者，神之居，就是谷神居住的地方。谷神是意識體的主宰，在太極界，無極界活動。掌管超意識，是人的第三魂。在晚間時，肉體入睡後，可以自由出入無色界。由於它昇起後，位置最高，因此決定人的宏觀力。而且它的糧食是意識流，無需水，食物及空氣，就能存活。如果意識或思想中斷，它就成現假死狀態。一旦意識或思想恢復流動，它的動能會變得更強，就像再生一樣。

再看這個丹字，就是男性橫躺著，從側面看，就是個一字。中間豎起的那根，就是男人的陽具。所以，煉丹之意，就是男下女上的交媾體位。皇極經也提到：「自下而上謂之升，自上而下謂之降。升者，生也。降者，消也。陽生於下，陰生於上，是以萬物皆反生。」

　　如果男性射精了，則能量消耗了，因為亢達里尼的性能量是往下走，但可以生人，而人終歸一死。但是，如果亢達里尼（Kundalini）的性能量是往上走，又會如何？

　　在交媾的過程中，由於性能量的亢奮，這谷神的能量會移動並充塞在人體的七個氣穴裡，分別是會陰、丹田、小腹、心臟、喉嚨、玄關及百會。這七個氣穴的能量分別掌控人的免疫力、性力、消化力、情緒力、說服力、直覺力及宏觀力。如果你七個氣穴能量充滿，那表示你做事將很有魄力，也就是七魄皆能量充滿之意。

　　所以，美滿的性生活對人體的健康極有幫助。性高潮的醍醐味，更是男女渴求愛情的驅動力。然而，這精子如何往上走並帶動亢達里尼（Kundalini）的性能量往上走？這是違反物理原則的。但道家的智慧卻克服了這個困難，而且引發出修煉的技巧。印度的譚催（Tantra）即是探討其中的奧妙，但技巧不如道家的縝密。

　　我先說修煉的結果，那就是三花聚頂，修煉的
過程則爲五氣朝元。修煉過程的口訣如下：

　　身不動，則精固而水朝元。
　　心不動，則氣固而火朝元。
　　眞性寂，則魂藏而木朝元。
　　妄情忘，則魄伏而金朝元。
　　四大安和，則意定而土朝元。

　　修煉結果的口訣如下：

　　身不動，則精固而水朝元。
　　心不動，則氣固而火朝元。
　　意不動，則神定而土朝元。

　　當五行金、木、水、火、土都氣滿時，則相對
應的肺、肝、腎、心臟及脾臟等都獲得滋養，身體
自然康健無恙。因此，五氣朝元指的是眞氣充滿身
體。在「三家相見說」，有如下的詳細解說：

　　精化爲炁者，由身之不動也。
　　炁化爲神者，由心之不動也。

神化爲虛者，由意之不動也。

心若不動，東三南二同成五也。（3+2=5 東方木生南方火）

身若不動，則北一西方四共之也。（1+4=5 西方金生北方水）

意若不動，則戊己還從生數五也。（中央戊己土，回歸原位=5）

身心意合，則三家相見，結嬰兒也。

身心意謂之三家。三家相見者，胎圓也。精氣神謂之三元。三元合一者，丹成也。攝三歸一，在乎虛靜。

虛其心，則神與性合。

靜其身，則精與情寂。

意大定，則三元混一。

情合性，謂之金木併。

精合神，謂之水火交。

意大定，謂之五行全。

請參考下列五行相交圖表，可以發現身心意三者之間的關聯性。

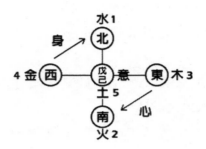

五行相交圖表

這個原理，和電壓表（VOLTMETER）中的 220V 三相（R, S, T）及 110V 四相（R, S, T, N）交互測試後歸零的方法完全一致。R 與 S 交，得 220V，S 與 T 交，得 220V，T 與 R 交，得 220V。N 與 R 交，得 110V，N 與 S 交，得 110V，N 與 T 交，得 110V。相交後所得的三個 220V 及三個 110V 都無誤後，則歸零。

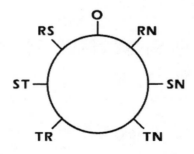

電壓表（VOLTMETER）

這個零，代表中央戊己土，R, S, T, N 分別代表東方木、西方金、南方火與北方水。

全真派南宗初祖張紫陽真人（悟真紫陽真人）曰：

以眼不視而魂在肝　　　（木）
以耳不聞而精在腎　　　（水）
以舌不聲而神在心　　　（火）
以鼻不香而魄在意　　　（金）
以四肢不動而意在脾　　（土）

其中，精氣神會進一步氣化而聚集在頭部，因此，三花聚頂指的是能量上移至頭頂。如果能量無法再提升而下降，就是指達到高峰性高潮後開始下降。如果能量繼續爬昇而不下墜，就是指達到谷底性高潮或靈性性高潮。提升到達極致，就是形成氣化之紫丹桂光索，又可稱之為超靈。還丹之意就是指煉就氣化之紫丹桂光索的境界後，可以出三界之外（上溯空性），當再降 key 返還三界時，就是還丹的意思（下及萬有）。御神指的是駕御氣化之紫

丹桂光索這個超靈。齊行宇宙就是指同步並且同時穿梭於各個不同的宇宙時空，當然也意指能夠同時分身無數，以遂行降世的任務。這個法門可以煉就金剛不壞的真身，可以單修，可以雙修，也可針對萬物而修，而且都可以修煉成功，這就是成就一切金剛法之意。問題來了，氣化之紫丹桂光索，如何可以是宇宙能量，又是超靈，又是具有純粹意識的飛行器，又具有人格化的行為能力？答案就是「即一即異」哲學的奧義，也可以說是這本谷丹經的妙用。有關「即一即異」的進一步說明，請參閱第五章。

　　再者，如何能身不動而水朝元呢？

　　「身不動」，顧名思義，就是保持身體不動的狀態，姿式不拘。可以坐著或盤腿，或者站立或躺著也可以。以自己感覺舒適的姿式即可。但眼睛必須閉著，以免外界的干擾。思緒可以任由它飛馳，無需控制。如果想控制它，也無法控制住，因為意識流無法被終止。

　　為何要將眼睛閉起來呢？因為閉眼可斷外色之視，可助使心歇息意安定而達到心意至靜的狀態，進一步守神於靜定之內。如此，體內陰陽自然交媾，陽精自然產生，得一陽來復的陽舉而達靜極而動的強身之益。《黃帝陰符經》在〈強兵戰勝演術章第三〉說：「瞽者善聽，聾者善視。絕利一源，用師十倍。三反晝夜，用師萬倍。」請注意，這就是保固肉體後進一步在夢境或靈界中修煉靈體的潛意識（元神）與意識體的超意識（谷神）的奧秘所在。在第一章九宮圖中，已說明一陽來復的原由，如果靈體的元神得到拓展，會產生十倍於肉體之識神的功效，如果意識體的谷神得到拓展，則會產生萬倍於肉體之識神的功效，就像第一章九宮圖中所論述的夢境與笛卡爾及傅柯的天才連動關係。幾乎每個有大成就的人，他的才華都是多面向的發展，因為靈體與意識體不受時空限制，可同時發展其所設定的目標，並將成果透過紫丹桂光索（Silver Cord）傳遞到現世所在的肉身活動及成就上。這也說明了神話學大師坎柏（Joseph Campbell）為何將英雄定位為千面的原因（The Hero With A Thousand Faces）。當然，「一日三省吾身」（「三反

晝夜」）以求改善自己的缺點並精進之，更是一個
重要的修煉步驟。

　　這樣，如果保持身不動，約十年的功夫，則精
子開始凝固而鎖精，不再外洩。當然精子還是會繼
續被製造，想傳宗接代，就可射精。當鎖精後，精
子會氣化，氣化的能量會直達松果體的靈體內，靈
體的心臟因為精子氣化所產生的氫離子而獲得移
動的能量而開始蠕動。靈體為人的第二個魂，由人
的元神掌管潛意識，活動範圍在色界。靈體不需水
與食物，也不需要空氣。但需要精子氣化所產生的
氫離子做為能源，進行它的各項活動。女子的修煉
法也是一樣，當卵子被氣化時，叫做斬赤龍；當精
子被氣化時，叫做斷白虎。

　　如果男女採用男下女上的丹法，並納入「漏盡
通」的絕竅，則合體修煉時辰可以大大減少而快速
修成正果。因為使用這個丹法時，肉體及掌管肉體
的第一個魂，叫做識神，也納入運作，於是，真正
的內在九宮圖也在人體內形成：肉體、靈體、意識
體、魂1、魂2、魂3、加上谷神、元神與識神，總

共九個元素聚合在一起，男女雙方都可以修成金剛體。爲甚麼？因爲亢達里尼的性能量可以是往上走的，這符合物理原則，因爲氣體是輕的、是向上的。

　　如此一來，男女雙方就回歸到各自的炁場，進入純粹意識的狀態，也就是進入涅槃的境界。而涅槃境界即是極樂世界，要出世，要入世，可隨自由意識，駕著紫丹桂光索來回自由的穿梭，何等逍遙快活。

　　有關「巴關」（bhagwan）一詞，它的原始涵意是這樣的。「bhag」指的是女人的性器官，「wan」是男人的性器官。「巴關」象徵男性通過女性的身體而激盪出複合式的能量而產生創造。同樣的，女性也能通過男性的身體而激盪出複合式的能量而產生創造。性愛也是強健肉體，治療及提升靈體及精神進化的主要途徑。但是必須合乎淫樂四部曲：1.相視而悅；2.握手；3.相擁愛撫；4.性器結合。如果少了前面三部曲，只能稱爲性交、洩慾或強暴而非性愛。所以，高品質的性愛必須男女因相愛而做愛做的事，才叫作做愛。印度愛經（Kama Shastra）

提供了相關的性愛技巧，比如「口交」（Auparishtaka
一般式，Mukhamaithuna 69 式），「用舌頭舔淨她滴
下的體液」，「只要唇是親吻的，眼是凝望的，只要
生活如此，你就擁有了生命」等。阿拉伯的性愛技
巧中，特別重視接吻，因爲接吻可以喚醒男女之間
的肉體官能，也可以提高興奮，達到最高的愉悅。
最佳的接吻方式是在濡濕的嘴唇上吸吮嘴唇和舌
頭，藉著吮舌而促進新鮮甜美的唾液分泌，那些液
體在彼此的口中混合，並巡行於雙方的身體之中，
可使官能爲之震顫。接吻可使女人春情盪漾，秋光
若水，嘴巴半開，全身鬆軟，加上燃起慾火的愛撫，
雙腿就自然的大開，急切得等待性器的結合。

　　納拉飛說，處女的唾液是袪除百病的愛的禮
物。在接吻之後進行房事，無論是肉體或精神，都
能感到舒暢無比，而且可以經常保持年輕健康的體
態。接吻宛如交換新鮮的血液一般。古中國的房中
性愛術也是如此，他們相信接吻時所交換嚥下的唾
液，能強化肉體精氣。尤其是年輕女人的唾液，更
被視爲長生不老的秘藥。「天方夜譚」中，有如下
的問答：「想要一起睡覺時，該怎麼辦？」「在妻子

身上灑香水，持續不斷的接吻，直到春情發動。」

　　杜克大學（Duke University）醫學中心的卡茲教授（Lawrence Katz）曾提出：「法式深吻是有目的的演化結果，它的目的就是爲了取得費洛蒙（Pheromone）。」費洛蒙一詞源於希臘文的「$\phi\acute{\varepsilon}\rho\omega$」（意指「我攜帶」）與「$\acute{o}\rho\mu\acute{\eta}$」（意指「刺激」），合起來意思是「我攜帶刺激物」的意思。卡茲的研究結果發現，人類的臉部也是費洛蒙的主要來源，因此，用鼻子在對方的臉上磨蹭，可以助長性慾。費洛蒙是體內分泌出的化學分子，可透過嗅覺而激化性行爲，通過唾液，汗液和尿液釋放出自己特有的體味。法國的拿破崙（Napoleon Bonaparte）在凱旋歸國前寫給情婦約瑟芬（Josephine de Beauharnais）的信件內容就是這個簡短的要求：「等著我，但請不要沐浴。」在宴會當中，男女就是在不自覺的情況下展開「費洛蒙交流」。在互不相識的情況下， 起碼要先「對味」，才有進一步發展的可能性。

　　再者，女性的戀愛對象，往往不是出於理性的決定。精神分析學家容格（Karl Jung）認爲，這是

女性潛意識中的「阿尼瑪斯」（Animus）的原型在作怪。「阿尼瑪斯」就是「潛藏在女性軀殼中的男性心靈」，又稱為「白馬王子」。因為阿尼瑪斯的存在，女性可以藉由她原本就有的男性特質，就容易更了解男性，進而喜歡男性。而男性的潛意識中也有一位「白雪公主」的女性原型，這就是「異性相吸」的基本來源。換言之，陽中有陰，陰中有陽，無論肉體或靈體，都是雌雄同體的。

仔細觀察第四章的無極圖與太極圖，就可一目了然。在無極圖中，內含真陰與真陽。在太極圖中，則陽中有真陰，陰中有真陽。如果原本為男人，但因為某些因素想成為女人，只要施打雌激素（Estrogen）或服用雌激素，就會成為第三性LADYBOY，往往比女性更為嫵媚。女人要成為男人比較單純，只要展現「阿尼瑪斯」原型的男性性格，加上權勢或金錢，則如虎添翼。

事實上，「阿尼瑪斯」儲藏在比潛意識更深層的「集體潛意識中」，也就是人類的記憶資料庫，並告知女性甚麼樣的男人才是她的白馬王子。同

理，「阿尼瑪斯」也會告訴男人，甚麼樣的女人才是他的白雪公主。換言之，「阿尼瑪斯」本身也是雌雄同體的。法國字的未婚夫 Fiance 和未婚妻 Finacee 証明了這一點。這兩個字的字根相同，字尾的單數 e 表示男性，字尾的雙數 ee 表示女性。「阿尼瑪斯」的性驅動力非常強大，非理性所能控制。美國 Hollywood 的玉婆女星伊麗莎白‧泰勒（Elizabeth Taylor）和她的第八任丈夫離婚時，正值 65 歲。其中三任丈夫都以溫柔體貼見長，而且巧妙的穿插在另四任丈夫當中。台灣的女星于楓在她的前世已有自殺殉情的 7 次記錄，當世的第 8 次，還是以殉情的方式收場。女律師戴格瑪‧波恩是在偶然的機會中看到死囚哈里森的照片並對他一見鍾情，她告訴她的朋友：「我找到了今生的最愛」，更不遠千里去探監，照顧哈里森。再過幾個月後，她將成為寡婦，也在所不惜。波恩請求獄方讓他兩成婚。波恩在婚禮上洋溢著幸福的眼神和表情，並說：「這是我經歷過最羅曼蒂克的愛情」。

　　在道家坎離相交的圖示中，最能表現出這個丹法的奧妙。

陽──與陰－－這兩個符號，就是代表男女的生殖器。

坎卦由一個陽兩個陰組成。中間是陽，上下兩邊是陰，叫做坎中滿。

如右圖：☵

坎代表水，因為中間有一個眞陽。眞陽用紅色表示，代表鉛。

離卦由兩個陽一個陰組成，中間是陰，上下兩邊是陽，叫做離中虛。

如右圖：☲

離代表火，因為中間有一個眞陰。眞陰用藍色表示，代表汞。

坎屬水，離屬火。當坎離相交時，請看圖一：

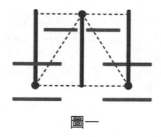

圖一

　　其中，三個陽與三個陰分別交合。象徵男人的
三個身體與女人的三個身體交合。這時，會有三個
陰陽的交會點形成一個三角形。同時，一個反物質
的反三角形也會形成，於是，陰陽合體後含有六角
形的大衛之星誕生了。a, e, f 是一個三角形，b, c, d
則是反向的三角形。

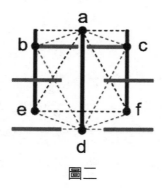

圖二

　　爲何會產生反物質呢？因爲這就是漏盡通的
玄妙之處。也是進化論的精隨所在。第幾次的漏盡

通後才能產生反物質呢？這個恐怕因人而異。人之所以不斷輪迴，就是他在活著的這個世代無法完成他的心願，或想完成更多的心願而未果，所以要再來投胎轉世。

反物質的功能就是透過漏盡通產生一組新的七音律：do, ra, me, far, so, la, si。這個新的七音律與玄、命、形、精、氣、神、無極與太極相對應，也與肉體的魂1，靈體的魂2，意識體的魂3相呼應。

其中 do 的音律必須重複一次，以便形成八度音階。在煉精化氣及煉氣化神的過程中，也有八度音階：金、木、水、火、土、精、氣、神及七音律：金、木、水、火、精、氣、神，其中金木水火修煉成聚合的土原素，土的元素加入後，就形成八度音階。土原素必須重複一次，才能形成八度音階的升key，土原素必須再重複一次，才能形成八度音階的降 key，有如 do 的功能一樣。重複兩次的意思，即是需經過兩次「漏盡」之意，以便釋放大量的精液與性能量，而八度音階中所產生的兩次斷層的原因也在此處。

　　再進一步闡述性能量的轉化。序言中，我曾提及第四道大師葛吉夫的氫 H_{12}。所有萬物皆可用氫的數目來表示。氫 H_{12} 位於心臟的位置，因此，高品質的性行爲必須發自內心的眞情。

　　這裡的 1, 2, 3, 6 等指的是各氣體的振動的密度。物質振動的密度越高，則振動頻率越低。反之，物質振動的密度越低，則振動頻率越高。比如恆星太陽，因爲振動密度很高，所以振動頻率極低，星體幾近停頓不動。雖然它是繞銀河系的中心而運行。太陽也靠燃燒氫氣而發出光與熱。氫氣在 2,700 萬度高溫下轉化爲氦氣。氫氣一旦耗盡，太陽也將毀滅。

氫 H_6　　　由碳 C_1 ＋氧 O_2 ＋氮 N_3 所組成。

氫 H_{12}　　由碳 C_2 ＋氧 O_4 ＋氮 N_6 所組成。

氫 H_{24}　　由碳 C_4 ＋氧 O_8 ＋氮 N_{12} 所組成。

氫 H_{48}　　由碳 C_8 ＋氧 O_{16} ＋氮 N_{24} 所組成。

氫 H_{96}　　由碳 C_{16} ＋氧 O_{32} ＋氮 N_{48} 所組成。

氫 H_{192}　由碳 C_{32} ＋氧 O_{64} ＋氮 N_{96} 所組成。

氫 H_{384}　　由碳 C_{64}＋氧 O_{128}＋氮 N_{192} 所組成。

氫 H_{768}　　由碳 C_{128}＋氧 O_{256}＋氮 N_{384} 所組成。

氫 H_{1536}　　由碳 C_{256}＋氧 O_{512}＋氮 N_{768} 所組成。

氫 H_{3072}　　由碳 C_{512}＋氧 O_{1024}＋氮 N_{1536} 所組成。

氫 H_{6144}　　由碳 C_{1024}＋氧 O_{2048}＋氮 N_{3072} 所組成。

氫 H_{12288}　由碳 C_{2048}＋氧 O_{4096}＋氮 N_{6144} 所組成。

以上可以獲得十二個氫，密度範圍由六到一二二八八。所有物種都可以被分類為十二個等級。氫的基數越小，代表智能越高。比如：

肉體的識神，其智能是氫 H_{96}。

靈體的元神，其智能是氫 H_{48}。

意識體的谷神，如果是停在會陰的部位，其智能是氫 H_{24}。

意識體的谷神，如果昇到心臟的部位，其智能是氫 H_{12}。

意識體的谷神，如果上昇到玄關的部位，其智能是氫 H_6。

意識體的谷神，如果達到頂端的百會穴，其智能是氫 H_3。

意識體的谷神，如果可以出人體及出入三界，其智能是氫 H_1。

如果是氫 H_{6144} 或氫 H_{12288}，是金屬或礦石，幾乎是死物，沒有智能。請注意，氫原子含有一個電子及一個質子，不含中子。當失去電子僅含質子時，稱之爲氫離子。氫 H_1，氫 H_2，氫 H_3 與氫 H_4，氫 H_5 的表列說明如下：

氫 H_1　即是氫離子，爲純氫（不含電子的氫原子），代表眞陽（宇宙天父），帶正電。

氫 H_2　也是氫離子，爲純氫（不含電子的氫原子），代表眞陰（宇宙天母），帶負電。

氫 H_3　爲混合氫（含有電子及質子的氫原子），由碳 C_1＋氧 O_1＋氮 N_1 所組成，同時帶有正電與負電，象徵一炁化三清，由眞陰與眞陽交感而生，亦爲萬物的種子氫（seed Hydrogen）。

氫 H_4　第一次性能量漏盡釋放。

氫 H_5　第二次性能量漏盡釋放。

　　氫 H_6 則為兩個種子氫「氫 H_3」的結合。從氫 H_6 以上，都是雙數在合體的，亦即，需要陰陽的互相交配。但氫 H_3 是單體，運用自身內的陰陽兩氣互相交感，就可以運作了，也就是有免於他人的自由，單體就可以進行高度的修煉了，無需另找一位異性進行雙修。然而，單體修行，智能最高只能達到 H_3 的位置，因為有兩個斷層自身無法跨越（缺乏氫 H_4 及氫 H_5 兩次的性能量漏盡釋放），必須靠雙修的外來能量加以彌補。因此雙修（男女合體）的目的就是運用自身與對方的性能量互相熔合（refinery via melting each other），才能將彼此的氫電子自氫原子的運行軌道中脫離而出，形成氫離子，藉以提升並轉化我們的智能達到頂峰 H_1（真陽）與 H_2（真陰）的位置。當 H_1（真陽）與 H_2（真陰）交感，則同時回歸到 0 的涅槃境界並產出氫 H_3，因而完成上昇 key 與下降 key 的循環不已，亦即，「上溯空性，下及萬有」或「上求佛道，下化眾生」，除非選擇不再投胎轉世。

　　再則，八度音階上昇下降的律則，是根據三力原則而來，也是黑格爾所謂正反合的辯正法則。一個觀念或行為的產生，必然會有另一股相反或相異的觀念或行為起而與之抗衡，這兩股力量經過相互的碰撞或折衝後，才能產生一個最終的結果。但是這個結果並非持續或持恆的，必然會引起變化，然後進行下一波的較勁。如此循環不已。衝突或矛盾可是能是來自於自己，不必然的是來自於敵對或對立的一方。這過程當中，有時會沮喪，會遭遇挫折而後力不繼，於是產生前進路徑的兩個「斷層」或中斷或偏離原來的方向等現象。這時，一股激勵的能量必須被引進來，填補這兩個「斷層」並繼續前進，直到八度音階昇降 key 的行走路徑完成了首尾相銜接的時候，這個紫丹桂光索的飛行器才能被打造完成。但這股外來的激勵能量，必須等到大衛之星在體內的粗胚經由修煉而成雛形時，才能接收外來刺激的能量完成精胚的紫丹桂光索的產出。打個比方，第一個漏盡通所產生的第一個「斷層」，好比呼吸中止，只需要 CPR 救援即可，第二個漏盡通所產生的第二個「斷層」，好比心肺衰竭，需要 AED 的電擊，才能奏效。換言之，必須先死過一次，

方能眞正體會活著的眞諦。紫丹桂光索飛行器的外觀即是八度音階昇降 key 行走路徑的完成圖。

　　另一方面，葛吉夫也提出他的八度音階昇降 key 行走路徑完成圖。

　　見下列圖 16 所示：

　　這個（圖 16）摘自於《探索奇蹟》這本書第 171 頁。（新時代系列　92）P. D. Ouspensky 著，黃承晃等譯。氫 H_6 的概念與資料也來自該書。然而，在我完成紫丹桂光索的外觀及內部構造圖（圖七）之後，本書也接近完稿，爲了補強書中的若干論述，我再度翻閱這本書「探索奇蹟」，才赫然發現這兩張圖的外觀有些雷同。他的外觀圖有 12 個邊。我的紫丹桂光索圖，在陰陽各自獨立的時候，尚未

合體前，各有 6 個邊，共計也是 12 個邊。當陰陽
合體前的一刹那，距離極爲接近時的那一刻仍然是
12 個邊。但是看起來好像已經合體了。請看下列圖
八。請注意，d 點與 d 點的交合處，即是合體的交
會點，彼此互爲反物質，結構相同，但極性相反，
宛如男女交構圖。

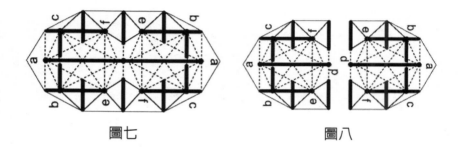

圖七   圖八

但是一旦合體而無縫接軌時，就融合爲 10 個
邊，代表十天干。請參閱圖七。在形狀上，他的八
度音階昇降 key 行走路徑完成圖是有帶 12 個角的
圓形。我的紫丹桂光索圖則是帶 10 個角的橢圓形。
乍看之下，的確有點雷同。

這讓我想起，牛頓與萊布尼茲是在同時發表了
微積分，一個非常巧合的特別事件。但葛吉夫除了

這張八度音階昇降 key 行走路徑完成圖以外，他還將它的路徑過程圖也做了詳細的解說與介紹。見該書第 170 頁。如下圖：

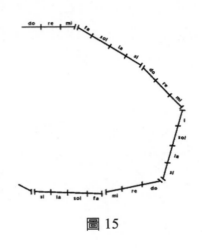

圖 15

　　靈體經過修煉後，元神的直覺力會大大地提升，同時發展意識與潛意識之間的契合，將理性與直覺重新納入系統思考的運作裡而採取有效的行為模式，在忙亂之中仍能優雅而從容的完成異常複雜的工作，令人驚嘆不已。這是因為他有特殊的能力引導自己專注於事務的焦點及他所要的結果，不會分神或苦惱於過程或手段的糾葛，同時也兼顧了情境環結裡的每個相關人員的利益與感受。

　　愛因斯坦說：「我從來沒有以理性的心發現過任何事物」。他敘述如何以「想像」自己跟著光速旅行而發現了相對論。更重要的是，他能夠將直覺轉換成明確而且可以理性驗證的定理加以說明之而導出了質能互換的方程式 $E=MC^2$。

　　有人問愛因斯坦，第三次世界大戰的後果會如何？他說他也不清楚，但可以定肯定的，第四次世界大戰的武器將會是石頭。

　　這正是佛教天台宗「一念三千」的法門與修為。

　　「一念」是「實相」，「三千」為諸法。日蓮大聖人（Nichiren, 1222-1282）年輕時立下大願要成為日本第一的智者，並且領悟出南無妙法蓮華經（法華經）的妙法才是一切佛法的極理。他說「世間法即是佛法全體」；「一切眾生都是實相之佛，胸中都有御本尊」。他主張只要唱念「南無妙法蓮華經」（Nam-Myo-Ho-Len-Ge-Kyo），即可將自身佛性湧現出來。他自己則發顯預言能力及聖蹟，特摘錄如下：

文永五年（1268 年）一月，蒙古的國書到
達鎌倉。大聖人在〈立正安國論〉中預言的他
國侵逼難終於應驗，於是在四月再向幕府上呈
〈安國論的寫作緣起〉，勸諫幕府歸依正法，
並在同年十月，要求其他宗派的僧侶公開法
論，寄了十一封挑戰書到各個地方，但得到的
回應卻是惡言相向和蔑視。

文永八年（1271 年）極樂寺的良觀要進行
求雨，當時他是大受一般民眾信仰的眞言律宗
的僧侶，大聖人聽見求雨這件事便要求與良觀
來一次比賽，以祈求的應驗與否來定勝負。如
果在七日之內下雨的話，大聖人就會拜良觀爲
師，但如果不下雨的話，良觀就得承認自己的
教義錯誤。

結果，良觀從六月十八日開始一連七日作
法求雨，卻一滴雨水也沒有下過。狼狽的良觀
於是要求延遲七日，然而七日之後仍然滴雨不
降，反而狂風大作，良觀落得大敗收場。可是
良觀不單只不承認自己的落敗，反而對大聖人
更加怨恨，慫恿幕府的權貴和他們的妻子，企
圖用強權去威壓大聖人。

　　九月十日，大聖人被幕府傳召審問，負責審問的人是侍所長官（警察廳長）平左衛門尉賴綱，大聖人反而趁機根據佛法的法理勸諫他做好國家領導的責任。可是，文永八年九月十二日，平左衛門尉率領武裝士兵，像逮捕叛國賊一樣的拘捕大聖人。平左衛門尉打算不動聲息的將大聖人斬首，於是在半夜把大聖人押解到離鎌倉不遠的龍口刑場。正當要行刑之際，一團發光物體突然出現，由遠而近，令行刑的人目眩倒地，兵士紛紛逃避，令行刑不能執行（龍口法難）。

　　日蓮大聖人後來欽點日興上人為嫡傳衣缽大弟子，宏揚天台宗鎮山之寶法華經一心三觀的法門，在日本的「日蓮宗」，反而成為佛教天台宗的發展重鎮。比較不同的是，日本的僧侶和道教「道在火宅」的道士一樣，是可以結婚生子的，例如淨土宗的兩大代表親鸞聖人（Shinran Shonin, 1173-1263）與法然上人（Honen Shonin, 1133-1212）等是。

　　日本的國旗以太陽為旗幟，以日為本的國名，

都與密教的本尊大日如來有極深的淵源。顯教需要經過極長的累世修行，才有可能成佛。密教則強調即身成佛。顯教大乘空宗經典的《般若經》，其核心概念即是《心經》中所說的"色即是空"，"空即是色"，更是顯教與密教接軌的唯一路徑與最高價值之所在。日本的佛教因與密教合流而大放異彩。

下面所敘的"色空新解"解釋了爲何佛教在印度因禁慾而式微，在日本則大興而且爲何和尙可以結婚。"穴"代表女性性器，當"穴"在上位漸進式的作"工"而與平躺的男性的直立陽具結合並且達到合"一"的高潮境界時，即進入肉體的極樂與"空"性的頓悟。"色"則由"包"，"七"，"｜"，與反向的"匚"所組成。"包"的上部首代表陰道，下部首"己"指的是女性自己的陰道；"七"代表男性腰桿打直，雙腿平放，腳掌上鉤，陽具微微勃起的側面圖象，當男性雙臂抱住女性的腰身時，女性則雙臂反向抱住男性的腰身。當男性的陽具直挺，就成爲"｜"狀而被陰道

完全"包"住，是男性坐著而女性騎坐的性愛示意。這就是"色即是空"，"空即是色"的密言新解。

　　同時，最能將"色空新解"發揮到極致境界的就是印度的坦特羅（譚催）密教。在四大文明古國中,只有印度－亞利安人能將數字以 0, 1, 2, 3, 4, 5, 6, 7, 8, 9 表示數字符號，其餘的都是用文字來表達數字，包括之後的希臘、羅馬、希伯來、拉美文明等，莫不如此。同時，少數以太陽為國旗旗幟的世界各國中，也只有印度國旗的太陽具有 24 道光芒。中華民國（中國）與納米比亞（NAMIBIA）的只有 12 道光芒，日本與尼日（NIGER）的太陽僅表現太陽本體，無光芒示意。為何只有印度－亞利安人能創造出這些數字符號並且世界通用？印度所崇拜的濕婆（Shiva）與克里希那（Krishna）都是強調雙修的，特別威猛的濕婆（Shiva），甚至以杵（1）臼（0）陰陽交合的數位化意象作為圖騰崇拜，唯有智能達到氫 H_1 的位階，才能產生這種創見，其理在此。

第四章
煉氣化神　大衛之星的應用

體內無極圖與太極圖的復甦與鍛鍊

雌激素之活化以整治糖尿病及心血管疾病

　　煉氣化神的口訣在於心不動則氣固而火朝元。這一階段的修煉難度頗高。古書云：

　　「心爲神之主，形爲神之宅，氣血精三者，則爲神之榮衛也。」
　　「念動則神散，念寂則神凝，神凝則氣聚，氣聚則精全」

備註：精被鎖住後，來自意識體的三昧眞火的高溫會將之氣化成爲精子的蒸氣，內含純氫的氫氣。這裡的氣，指的就是這種含純氫的氫氣 Hydrogen H_1。當新的精子產生而尚未被鎖住而進一步被氣化以前，其品質是精良無瑕疵的，因爲它是被經過修煉後的肉體所產出。

　　如果心動了，則念也隨之而動，氣則無法聚合而固。

　　如果我們被言語或聲音的激怒而發火，就是心為之所動，心隨境轉，或因回憶自己的過往而遷怒或記恨於某人，或因自己的病痛輕易對人發飆，就是意為之所動，意動了，則神無法定。無論任何因素動了火氣，則火無法朝元，那我們的 EQ 就會降低，破壞人際關係的和諧。當怒火一旦被激起，則之前的煉丹功力就會被摧毀。連帶情緒力、說服力、直覺力及宏觀力都會受到牽連與波及而下降，當然就無法進入八度音階與九宮圖的門檻。相反的，如果我們不為外界或內在的刺激而發火，就可以完成八度音階與九宮圖的升降之旅。難怪第四道大師葛吉夫訓戒他的弟子們必須接受他「不表達不愉快情感」的要求，因為他整個體系發展的基礎全奠基在對情感或情緒的研究上。而煉氣化神的重點工作也就在此處，控制心火，不要怒火中燒啊。無論甚麼理由，怒火中燒所引發出來的破害力與殺傷力是難以估算的。

同時，如果發火了，就無法完成八度音階與九宮圖的升降之旅，也就無法打造成紫丹桂光索這個神奇的意識飛行器。

有甚麼法門可以讓人不輕易發脾氣呢？有的。將聲音轉化為影像，然後以同理心去觀看那個畫面或影像，這個觀，是用靈體的靈視去觀，而非用肉體的眼睛去觀。因為你用同理心去觀，就會起一心三觀的效果。所謂一心三觀，是指觀假道種智法喜，觀中法喜，觀空無漏法喜。

無論你遭遇任何事物的刺激，都會落在這三大範疇裡面。藉由這個觀，就可以消除憤怒並進而產生法喜。為何不但不會生氣反而會升起喜悅呢？因為這是大衛之星的應用之一，能輕易控制情緒並且將負面能量轉為正面能量。如果心火控制了，進而化解了，可獲 1.音響忍；2.柔順忍；3.無生法忍。可參考「大乘無量壽經」。

有個故事是這樣的：

　　一位佛陀的弟子想要到某地方去傳道，他問佛陀的意見。佛陀問他，爲何選擇那個地方呢？他說：因爲那裡從未有人去過。佛陀說：那裡的人非常兇殘，很危險。你是否還要去呢？那位弟子很堅定，說還是要去。於是佛陀問了他三個問題。第一問：如果他們辱罵你，你會怎樣？他們是好人呀，因爲他們本來可以打我的。第二問：如果他們毆打你，你會怎樣？他們是大好人呀，因爲他們本來可以殺我的。第三問：如果他們殺了你，你會怎樣？他們眞是了不得啊，殺了我，就讓我沒有犯下誤入歧途的機會，我還眞要感激他們呢。佛陀說：那你可以去任何地方傳道了。

　　首先，讓我們檢視這個八度音階與九宮圖：

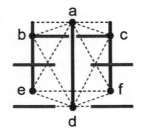

1. aef　do	8. afe　do
2. aed　re	7. afd　si
3. abd　me	6. acd　la
4. abe　fa	5. acf　so
9. do-do(升)	do-do(降)

圖三

　　同時再對照先前的九宮圖說明文字。

　　每個羞辱與刺激，都是在幫助我們往上提升這個 KEY TUNE，像八度音階的升 KEY, do, re, me, fa, so, la si, do 形成知命，請命，造命，修命與煉命的爬升歷程，眼看就要進入復性的煉氣化神的階段了，應該高興喜悅才對呀，為何要生氣呢？此時，你應該也悟出萬物皆反生的道裡了吧。越是險惡的環境，越能激發向上的志氣。當你處在昇 key 的階段，你像是在登山，肯定會遭遇磨難，很吃力。然而能量是在累積的，因為你所處的山上位階越來越高。當你達到山頂時，所聚集的環境能量是最大的。

　　煉精化氣，煉氣化神，就是修命與煉命的晉升音階。當我們回復本性後（復性），就是煉氣化神的完成，也就是修命復性的完成。因為神中之神是太極，陰中有陽，陽中有陰，一旦真陰真陽合體了，就有足夠的能量回到無極界。回到無極界，就是達到最高音階的 do。簡言之，即是「上溯空性」的最高點，或說上求佛道的最高點。

　　當達到最高音階的 do 時，是升 key 的終止點，也是降 key 的起始點。降 key 的作用是「下及萬

有」，或說下渡眾生。這時，就可以將後天八卦的應用完全掌握，又稱為大衛之星的應用。這句「上溯空性，下及萬有」，出自《萬法簡史》（A Brief History of Everything），心靈工坊出版，編號030，廖世德譯，胡茵夢校閱，審定，第37頁。

　　大衛之星是用兩個三角形的反向交疊而成，如下圖：

大衛之星

　　大衛之星又稱做所羅門的印璽（Seal of Solomon）。所羅門是大衛與別示巴生的兒子，所羅門的智慧是人類智慧中頂尖的翹楚。他用刀劍去砍那個嬰兒，欲將嬰兒砍成兩半，分給兩個爭吵中的母親一人一半。正當要舉刀的時候，真正的母親驚

駭痛哭，說嬰兒就讓給那位相爭的母親吧！所羅門
因此判定誰才是嬰兒眞正的母親，這個故事廣爲人
知。但大衛之星的符號意涵，卻鮮少人知三角形在
煉金術中的意涵，請參考第三章中的大衛之星的形
成，有進一步的說明。這時，讀者應該心神領會所
羅門是怎麼誕生的吧！這是大衛之星應用的基本
功。

　　因爲性是創造力的泉源，人的神性使用性能量
推動一切，創造一切。必要的時候，人更可以創造
出上帝。克里希那穆提（J. Krishnamurti, 1895-
1986，他有 40 本著作，被翻譯成 47 國語文）在他
的《論上帝》中有這樣的觀點與論述。而氫 H_{12} 就
是一種高品質的性能量，代表高等情感中心，對應
於心臟的部位。大衛因爲得到神力的協助，將一塊
甩石打入巨人歌利亞的前額，擊退了前來挑戰的敵
人，進而登上王座，所羅門後來繼成了王位，成爲
所羅門王，進而爲國家帶來繁榮昌盛。

　　這裡順便一提。大衛本來是牧羊的，經常用甩
石器驅趕前來冒犯的狼。命中率高而能將石頭打在

巨人歌利亞的前額上，這個容易理解，但是，那個力道強勁到能夠將石頭坎入腦部之中，就只能用神蹟來解釋了。這是人與天界之靈共同運作的另一案例。

　　再則，靈魂的屬性和特徵是光、音、電三種能量的組合。煉精化氣與煉氣化神等的修煉，即是提高靈體的能量。性功就是把精氣神三種能量轉換爲靈光。易經也說：含萬物而化光。老子的煉丹功也云：

　　意守丹田運周天
　　九轉七還黑白間
　　一點眞陰沉海底
　　一點眞陽飛上天

　　九轉，意指八度音階完成 do, re, me, fa, so, la, si, do 的升 key 轉換後，do 必須再轉一次，共計九轉，才能達到「玄之又玄歸涅槃」之九宮圖的完成。七還，意指七音律的先後往返於太極及無極之間。太極用陰（黑）及陽（白）交互作用來表示生育萬物，

而太極又由無極所生。這解釋了道0生1（無極），1生2（太極，含黑白兩儀），2生3（萬物）的玄理。

　　無極圖是眞陰與眞陽交媾圖。太極圖是陰陽交媾圖，陰中有陽，陽中有陰，眞陰又由眞陽所生。如何生出？詳情請參閱第五章。

　　眞陽即是炁，涅槃，純粹意識，氣化之紫丹桂光索，是能量，也是帶能者，具有行爲及意識能力，無爲而無不爲，爲必有成，萬無一失。

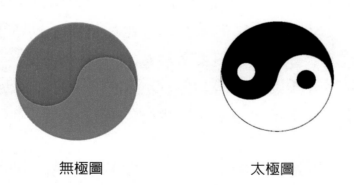

無極圖　　　　　　　　　太極圖

　　我們仔細觀察這個無極圖，正是眞陽與眞陰的交媾圖。而眞陰是由眞陽所生，所以無極圖即是眞

陰與眞陽的合體圖，經由靈性性高潮的交合後，產生陰中有陽，陽中有陰的太極圖以及四象（天、地、水、火或春夏秋冬）和表徵大自然現象的八卦圖，而太極中的陰陽經由肉體性高潮交合後產生人類及各種物種。唯一能融合人類五倫關係（父子、夫妻、長幼、君臣、朋友）的宗教爲克里希那的外士那瓦宗（Vaisnava），因爲主采坦耶告訴我們，不用懷著敬畏或崇拜之心，只需以完全的自由就可成爲克里希那的朋友，或以愛侶的關係將克里希那當作愛人，像 Radha 愛 Krishna 一樣，或服膺 Krishna 成爲主的僕人及信徒，尤有甚者，我們可以成爲 Krishna 的父母，反而成爲至尊者 Krishna 的崇拜對象。父母沒有不疼愛子女的，也都肯爲子女犧牲奉獻，而子女則以孝順及崇拜做爲回報。最後，一個超脫物質汙染或束縛的自性圓滿的人，則和 Krishna 一樣的尊貴，而與之保持平行的關係。

如果將舌頭的背面以 45 度貼住上顎，則形成體內的無極圖。舌頭以上爲眞陽，由兌端到會陰，掌督脈；舌頭以下爲眞陰，由承漿到會陰，掌任脈。眞陰眞陽交感後，舌頭會自動由左向右旋轉，然後

由右向左旋轉，形成體內的太極圖。旋轉即陰陽交合之意，所產生的唾液（玉漿）吞嚥後可增強免疫力，更能刺激睪丸分泌雌激素，讓胰島素更容易降低血糖，對糖尿病患者頗有助益。雌激素更能控制膽固醇，增加好膽固醇（HDL，高密度脂蛋白），順著血流將壞膽固存（LDL，低密度脂蛋白）自血管壁內拉出，避免壞膽固醇堆積形成脂肪斑進而造成血栓使得血管阻塞硬化。雌激素類似維他命 E，具有抗氧化功能，亦即，在自由基有機會氧化壞膽固存（LDL）以前，雌激素就會綁住自由基，降低血管壁內的氧化 LDL，所形成的動脈粥樣脂肪（脂肪沉著物）也就越少，對保護心臟的健全頗有功效。

如用以上所述的將舌背以 45 度貼住上顎，會產生收縮印堂與鼻竅的效果，並輔以第五章的充電手勢圖，腳掌與腳趾會向下向內勾緊，有強腎鎖精的功能；如果將舌頭打直，以舌尖頂住下顎，則舌頭的肌肉會緊縮成一線牢牢固定扣住下顎，不會左右旋轉，因此產生提縮肛門與夾緊尾閭的效用，再輔以第五章的充電手勢圖，腳掌與腳趾則向上向外勾開，產生拉筋脈的效用，有強肝壯陽的功能。

　　由此可見，舌頭扮演銜接任督兩脈的樞紐，也是溝通上鵲橋（印堂與鼻竅）與下鵲橋（尾閭與肛門）的關鍵，更是靈體的性器官，而眼睛則為意識體的性器官。所謂一見鍾情，正是此意。

　　女性修煉，謂之九陰崑崙神功，男性修煉，謂之九陽崑崙神功。可開中脈七輪，坎離卦中的真陰與真陽互換後，女性修得真陰體，男性修得真陽體。真陰體與真陽體再進一步交會融合，成為大羅金仙真體，即是所謂的真身。真身就像一顆明亮的摩尼寶珠，光耀無比，真身產生的時候，就像一個新的宇宙誕生一樣，產生光爆的大爆炸。

　　密宗對這種男女雙修法，有深入的研究與論述如下：「深吻淺呭，弄乳探蓮，女心怔沖氣喘，慾不能待，自行仰臥，握我杵入，羅裙映彩，蓮宮散麝，聲香並發，色情交濃，女戰慄若受大驚，蓋極登峰矣。吾復鼓勁行，平常色相都已寂滅。明點降而溢，即提升，虛空中如妥噶影相現起，女有大樂脈，名惹巴真，既入杵道，如龍交纏不能出，雖欲放點亦不得洩，此中大樂，非人世間所能想見。」

「三界有情以漏明點流轉交媾，佛菩薩等以不漏明點，於寂靜涅槃中交媾。世出世間一切法，唯是法爾交之表示。汝善體此意，能行此道，此生而後一生，當有五百妻，五千姘，又後一生，妻一萬，又一生，妻十萬。」

「如佛世尊於四阿含諸經中所言：涅槃寂靜者，乃是滅盡十八法界，唯餘入無餘涅槃前之十八界所緣之第八識不復受生，名為涅槃。」

「無漏不變殊勝樂：不漏失精液而常住於性高潮中之樂。」

「明者，智慧。點即精華（精液）。其後復在粗重貪煩惱（追求射精高潮之貪煩惱）之上，以智滲透，直至九識轉五智：前五識轉成所作智，六識轉妙觀察智，七識轉成平等性智，八識轉大圓境智，九識轉法界體性智。」

「即身成佛法門：不畏破戒，不望成佛，自明本心，言亡慮絕，甚深祕密，法爾如是。」

　　由此可見，女性修煉的「九」陰崑崙神功與男性修煉的「九」陽崑崙神功及老子的「九」轉煉丹功，都在轉九識爲五智。

　　眼、耳、鼻、舌、身這五觸來自肉體，是肉體的感官觸媒，叫作前五識。

　　掌控肉體五觸的意識（意），叫作第六識，或第六感。

　　掌控靈體的意識，叫作第七識，又叫莫那識，是第六識的識根，也就是本書說的潛意識。掌控意識體的超意識，叫作第八識，又叫阿賴耶識，或眞心、眞如、自性、法性、空性、實相、本體等。

　　這個八識全由十八界所引起，說明如下：

　　十八界分爲六根界、六塵界和六識界。

　　・六根界：能見之根，名爲眼界。能聞之根，名爲耳界。能嗅之根，名爲鼻界。能嘗味之

根，名為舌界。能覺觸之根，名為身界。能覺知之根，名為意界。

· 六塵界：眼所見一切色境，名為色界。耳所聞一切音聲，名為聲界。鼻所嗅一切香氣，名為香界。　舌所嘗一切諸味，名為味界。觸即觸著，身所覺冷煖細滑等觸，名為觸界。意所知一切諸法，名為法界。

· 六識界（六轉識）：識依眼根而能見色，名眼識界。識依耳根能聞諸聲，名耳識界。識依鼻根能嗅諸香，名鼻識界。識依舌根能嘗諸味，名舌識界。識依身根能覺諸觸，名身識界。識依意根而能分別一切法相，名意識界。

如果十八界的六塵（6）及能接受六塵的六根（6），及六根所引起的六識（6），全都被消滅了（6＋6＋6＝18），最後所剩下的，就叫作涅槃。

涅槃因為十八界都被消滅了，沒有任何東西留下，所以又叫無餘涅槃。問題來了，那麼第九識又是甚麼？經文中提及「唯餘」入無餘涅槃前之十八

界所緣之第八識不復受生，名為「涅槃」。這個「唯餘」，就是「唯一剩下的」之意。第九識就是宇宙意識，或純粹意識，或先天炁，或眞身，或我所說的氣化之紫丹桂光索，是眞正「唯餘」的第九識，也就是所說的「涅槃」或「無餘涅槃」。涅槃的印度文翻成英文是 "Brahman"，也就是第二章所說印度三大神祉的第一位「大梵天」（Brahma），是意識，也是意識體，兩者無二無別。

更進一步歸納說明涅槃＝無餘涅槃＝第九識如下：

前五識：

眼、耳、鼻、舌、身這五觸來自肉體，是肉體的感官觸媒，叫作前五識。

第六識：

掌控肉體五觸的意識（意），叫作第六識，或第六感，消失了。

第七識：

掌控靈體的意識，叫作第七識，又叫莫那識，是第六識的識根。也就是本書說的潛意識，也消失了。

第八識：

掌控意識體的超意識，叫作第八識，又叫阿賴耶識，或眞心、眞如、自性、法性、空性、實相、本體等，也消失不見而且不復生。

第九識：

以上所說的五識，第六識，第七識以及第八識全都消失不見了，僅剩下（唯餘）第九識，也就是阿摩羅識（Amala）或宇宙意識，或純粹意識，或先天炁，或眞身，或我所說的氣化之紫丹桂光索，就是所謂眞正「唯餘」的第九識，就是涅槃或無餘涅槃。

請回顧第一章的九宮圖，其中的宇宙頻譜由 1 排到 9，再來就是回歸到零（0）。9 是極數，但也

來自源頭的零（0），亦即涅槃或道或第九識。

在佛教中，第九識，又名阿摩羅識（Amala），為密宗所創，探討生命最深的意識層。第九識之力可以擺脫業障的束縛而重新創造出一個全新的生命。因為它已經超越自我利己的侷限，以悲憫的心及高能量的願力再轉世，服務奉獻的對象廣及一切物種。

煉氣化神的功效，可以幫助人在任何的環境裡都能柔軟適，有愛的能力，臉上會煥發出祥和的光芒，他可以回答任何問題而且無需準備。也能在瞬間洞悉問題所在而提出解決方案，因為他已經是以超意識在運作了。所有人類及所有高等生物的經驗、知識、記憶及技能都儲存在他的記憶庫裡，隨取隨用。

第五章
煉神還虛　認識涅槃的本體

活化頭腦與提升性能力的充電手勢圖
早洩／陽痿／冷感之解決方案
老年痴呆症／帕金森症預防之道

　　谷丹經的修煉，就是用煉精化氣來強化識神的能力並鍛煉強健的體魄。雖然肉身是保持不動的狀態，但那是一種不動而動的真動。識神強化了，身體健康了，就能成就做大事所需的「成所做智」。有了事業成就，財富當然也跟著而來。因為你不但知道要做甚麼，也知道要如何做，更懂得教導別人如何讓他們成為跟你一樣，葛吉夫的證道，就是很好的案例。

　　再進一步，就是用煉氣化神來強化元神的能力

並鍛鍊靈體的體魄。記得嗎？將聲音轉化為影像而用靈視來觀察這些原本會激怒你的人事物，言語或聲音等，從而讓心不被打擾，避免火燒功德林的劫害，這就是元神能力提升後所產生的「妙觀察智」的結果與妙用。尤有甚者，靈體可以轉化（Transforming）為肉體而且形貌各異，且都有獨立的思維與判斷力，來實行靈體的轉化目的。采坦耶・摩訶巴布的證道，可以相互呼應這章節的論述。同理心是靈體轉化的核心價值，要讓受苦的人離苦得樂。

接下來，我要探討煉神還虛的概要與核心。請先返回第三章的煉精化氣。谷丹經就是在修煉精氣神，也就是探討如何安定身心意。精氣神與身心意的相互關係，就等於肉體，靈體與意識體和識神，元神與谷神的相互關係。換言之，我們有三個身體：1.肉體，2.靈體，3.意識體，我們也三個靈魂：魂1.識神；魂2.元神；魂3.谷神，分別在不同的空間欲界、色界、無色界活動。

　　谷神要如何修煉？如何還虛？還虛後有何效益？

　　修煉谷神，即是修「神定」（Sama）的功夫。要神定，就要先求意不動，如何意不動？必需身不動，心不動，真性寂，妄情忘，四大安和了，才能產生意不動，當意不動時，就進入神定的狀態。前面說過，谷神的能量來自意識流，如果意不動，不再流通或不流動，那谷神如何生存？原來，當意識流流動的時候，谷神可以神遊到無極之極的玄境處，亦即可以抵達第八音階的 do。但始終還是在三界中升降，降升，仍然無法擺脫「業力」（Kama）的束縛，且輪迴不已。

　　就在這關鍵時刻「漏盡通」的法門又再次展現其神威。玄之又玄的核心處，即是涅槃境與玄境的交界處。如果沒有「神定」的功力，是無法進入涅槃境的大門的。

　　要讓意識流停下來而靜止不動，達到「神定」的狀態，只有一種方法而且也是唯一的方法：就是

修煉並且經驗「谷底性高潮」，或稱之爲「靈性性高潮」。肉體的性高潮只有幾秒鐘，而且是動物與人的本能，肉體的性高潮又稱做高峰性高潮。而「谷底性高潮」或「靈性性高潮」，可以維持 48 分鐘，肉體的性高潮則只有幾秒鐘而已。所謂 48 分鐘，這是經過幾百萬年的試驗數據而來。請參閱《奧秘之書，第三卷下冊》（ THE BOOK OF THE SECRETS, Vol.3.），武陵出版社，OSHO 著，謙達那譯，第 223 頁。

所以，「神定」的眞正意涵是所有其他雜亂的意識流都停了，只有唯一的意念（一念）在流動，也叫「禪定」。因爲所有其他雜亂的意識流都停止，而將所有能量都集中在「禪定」的唯一意念上（一念），所以能量極爲巨大，無可估量。那麼？這唯一的意念（一念）是什麼？即是克里希那知覺式的當下唯一意念（一念）：無念無不念。如果沒有信徒或眾生前來相求任何事，就保持無念，如果有任何信徒或眾生前來相求任何事，就無不念，並給予即時立刻的解決方案或代爲解決之。因此，「谷底性高潮」或「靈性性高潮」並非腦中一片空白，而

是僅保留克里希那知覺式的當下唯一意念（一念）：無念無不念，即是禪定。這個一念，即是佛教天台宗「一念三千」的一念。而禪定就是神定（Sama），又稱「三昧」，是由 Sama 印度語的翻譯而來。人的意識狀態有四種：第一種，是清醒狀態，為識神在欲界中白天工作時的運作；第二種，是睡眠時的夢中狀態，為元神（潛意識）在欲界及色界中於晚上肉體入睡後的運作；第三種，是熟睡時的無夢狀態，為谷神（超意識）在欲界，色界及無色界中不著任何痕跡式的運作；第四種，就是純粹意識的一念狀態，稱之為「三摩地」（Samadhi），又譯為神定（Same），禪定或「三昧」或入定。

　　畢達哥拉斯（Pythagoras 572-492 B.C.）首創地圓說，認為日、月、五星都是球體，浮懸在太空之中。他將新家蓋得像神廟一樣，還在家裡的地下室闢了一個特別的地下室，將它當成「卡隆尼安」（Charonium），意即「冥界入口」。他常常會到地下室去，一動不動地躺上好一段時間，這稱之為孵育（incubation），是一種下幽冥界的技術。可幫助他進入另一個世界，與神明面對面，直接從神那裡

獲得知識，出來後，就把他在下冥界時的見聞和諸神的信息告知他的弟子。幾何學的畢氏定理及數學的黃金分割（1.618:1）都是他的發現。他的名言是「憤怒以愚蠢開始，以後悔告終」。

　　佛陀在涅槃前總結他的一生說法與渡人為：「無法可說，是為說法，無人可渡，是為渡人」；維摩詰的不可思議解脫，就是所謂的「不染一切，亦不捨一切」及「火中生蓮花，是可謂稀有；在欲而行禪，稀有亦如是」，又說：「是故當知，一切煩惱，為如來種。譬如不入巨海，不能得無價寶珠，如是不入煩惱大海，則不能得一切智寶。」，佛陀與維摩詰兩者的說法具有異曲同工之妙。佛陀為毗濕奴第九次的轉世，維摩詰則為金粟菩薩的轉世。

　　再者，清淨慧菩薩在圓覺經裡所說的「如來隨順覺性」，則更進一步地闡述了這個道理及實行要則：「善男子，一切障礙即究竟覺，得念失念，無非解脫；成法破法，皆名涅槃；智慧愚痴通為般若；菩薩外道所成就法，同是菩提；無名真如，無異境界；諸戒定會及婬怒痴，俱是梵行；眾生國土，同

一法性；地獄天宮，皆爲淨土；有性無性，齊成佛
道；一切煩惱，畢竟解脫；法界海慧，照了諸相，
猶如虛空；此名如來隨順覺性。」；「善男子，但諸
菩薩及末世眾生，居一切時，不起妄念；於諸妄心，
亦不熄滅；住妄想境，不加了知；於無了知，不辯
眞實；彼諸眾生聞是法門，信解受持，不生驚畏，
是則名爲隨順覺性。」，總結則說明欲心與智慧的
關聯性：「善男子，汝等當知如是眾生，已曾供養
百千萬億恆河沙諸佛及大菩薩，植眾德本，佛說是
人名爲成就一切種智。」

所以，谷神如果只能達到智能氫 H_3，就不能出
三界。必須達到智能氫 H_1，才能出入三界內外而修
煉成氣化之紫丹桂光索。採取氫 H_3 單修的人，在
八度音階的前進過程中，遇到兩個斷層時，是無法
跨越的，因爲能量不足。因此，必須回到雙修上，
導入額外的能量來補足那兩個斷層，才能達到氫
H_1 的最高等級。當達到氫 H_1 的能量頂級時，可以
像 Krishna 一樣，由自身創生 Radha，顯聖蹟給信
眾們瞻仰，進而強化他們的修行信心。

　　奧修是一位證道的大師，對能幫助人類達到
「谷底性高潮」或「靈性性高潮」的譚催（Tantra）
技巧，有深入的說明。一旦你知道這個法門，不需
透過性，也可以達到相同的狂喜（Ecstasy），例如
與一朵花或天上的星星進行靜心式的會合。「靜心」
即是「禪定」之義。

　　谷丹經正是這個另類的唯一的法門：使用「漏
盡通」的技巧，這與譚催（Tantra）的靜心技巧及
密宗的不放明點（不射精）剛好相反，然而卻是殊
途同歸。達到性高潮的途徑有三大類，見下圖及說
明：

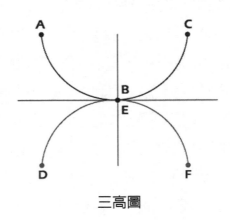

三高圖

第一類：肉體性高潮，又稱爲高峰性高潮，爲大部分的人所使用。在人類所有的活動中，沒有任何一種像肉體性高潮的效用一樣，能刺激大腦 30 個不同的區域同時亮起來，進而活化大腦的每個系統。當快感上升時，前額葉皮質區的亮光首先點燃，當性高潮來臨時，接著海馬迴接收到杏仁核的情緒興奮信號後跟著亮起並且準備鉅細靡遺的記住當時的情境與感覺，接著小腦也亮起來了，作爲快樂中樞的伏隔核即刻分泌大量的多巴胺，性愛的多巴胺濃度比較一般快樂學習的多巴胺濃度可大幅提升 50%到 100%，強烈的獎賞效應讓人飄飄然欲死欲仙。

D 到 E 的曲線是前奏期，E 點是高潮的射精點，E 到 F 的曲線，是下降的放鬆期。D-E-F 就是肉體性高潮的路徑圖。如果縱欲過度，會帶來健康受損的問題。

第二類：靈性性高潮，又稱爲谷底性高潮，爲譚催及密宗修行者所使用。D 到 E 的曲線仍是前奏

期，但在快要達到 E 點的高潮點以前，必須要冷卻（Chill Out）一下，避免射精出來，以便回覆到激情前的微溫狀態。經過多次的演練之後，就能控制不射精而進階到 E-C 曲線的上升極樂期。D-E-C 就是靈性性高潮的路徑圖，為何又稱谷底性高潮呢？因為 E 的高峰點和 B 的谷底點重疊，等於也通過了 B 的谷底點，同時 E 點也是靈性性高潮的起始點，因此又稱為谷底性高潮。一旦達到 E 點，極樂快感開始並且向上提升及增強，直到欲罷不能而止於所當止。據朱巴·基米亞佛母云，不丹噶舉密宗朱巴金剛在每次大定（性交）之後，總是說看見了密教本尊大日如來和俄那缽底諸尊佛菩薩。"俄那缽底"漢語譯為"歡喜"，因此，雙身佛也稱為歡喜佛。朱巴金剛的學問很好，精通梵文及佛法，有八個正式命名的佛母，在他臨終落氣時，天上有萬道霞光乍現。

第三類：漏盡通性高潮，也是靈性性高潮的高階版，為谷丹派獨步古今的修煉法門。A 到 B 的曲線是下降的，和其他兩大類 D 到 E 的上升曲線完全

相反。這是個身不動以便鎖精，心不動以便凝氣，意不動以便通神的過程。一但 A 到 B 的鎖精曲線完成了，性欲會變得極強卻也相當節制，達到孔子所說的「從心所欲而不逾矩」的境界。漏盡通谷丹派法門的珍貴之處在於含攝了其他兩大類的優點而沒有其缺點。亦即，如過要傳宗接代，則可以選擇第一類的自然路徑，如果要體驗靈性性高潮，可以不用像第二類所採取的壓抑路徑，仍可以盡情享受魚水之歡並晉升到 B-C 曲線上升的輝宏極至境界，其極樂所產生的音震威力甚至可以撼動天地，役使鬼神。A-B-C 就是漏盡通性高潮的路徑圖，也是人唯一在活著的時候可以回歸其未出生以前的狀態並安然返回的自然修煉法門。

　　谷丹派的漏盡通心法在於三輪體空：

　　第一輪爲 "水" 空：女方使男方精出兩次，男方也使女方精出兩次，清空藏精，使男女雙方均達對等的肉體極樂。精爲血的粹煉，都是白色的黏稠液體，因此女性的精液也是白色的，非指前戲所流出的潤滑液。女方出精有兩種，一種是緩慢流出，

一種是射（噴）出。但女方出精並非性高潮的要件。許多時候女性不出精也能達到肉體的性高潮。高潮過後，拙火（Kundalini）降溫回到海底輪。這時，拙火（Kundalini）是第一次放空。肉體的性交又稱為精交。

　　第二輪為"火"空：如前所述，唇舌為靈體性器官的表徵。當舌抵下顎時，舌頭會捲曲收攝成一直線，就是靈體的海螺脈。這時，男女雙方進行口交，讓拙火（Kundalini）再次由海底輪上升至頂輪。此時，因為男方的精子或女方的陰精尚未被製造出來（或男方因已鎖精而斷白虎，或因女方因已鎖精而斬赤龍），因此並無出精的問題。由於第二輪是高階的靈性性高潮，男女雙方的紫丹桂光所因而緊緊交纏而大放光芒，出離了頂輪後在空中交歡的強度，遠大於肉體交歡的愉悅。這時，拙火（Kundalini）再次降溫回到海底輪。這是拙火（Kundalini）第二次放空。拙火（Kundalini）就是慾火（Sexual Desire），是與生俱來的宇宙性能量。靈體的性交則稱為氣交。請注意，此時的男根仍然被女根所含攝。

　　第三輪為"風"空：如前所述，眼睛為意識體性器官的表徵。當兩情相悅而互相凝視時，只需互相擁抱或牽手即可到歡愉的境界。如果用手指輕壓對方頭蓋骨下凹的裂縫處，即能產生暈眩般的極樂意識。下凹的裂縫唯有肉體，靈體及意識體經過修煉後，頭蓋骨的中央才會產生下凹的裂縫。這第三輪的大樂，不像第一輪及第二輪的淫樂需要腦部充滿大量的氧氣，因此稱第三輪為"風"空。意識體的性交則稱為神交，無需性器官的結合。當男女雙方神交時，不受時空的限制，是男方的真陽與女方的真陰在空中交合，交合時產生的溫度，遠大於太陽氫氣燃燒時的二千七百萬度，因此能將紫丹桂光索氣化之。氣化後的紫丹桂光索其白色光芒的亮度，絕非現今經由同步輻射加速器所產生光量子（光子-Photon）的亮度可以比擬。達到第三輪"風"空的境界，自然就不存在欲界肉體交合的色欲了。

　　修煉「漏盡通」的技巧，可讓精子或卵子氣化。氣化後的精子與氣化後的卵子相結合，形成一道氣

化的紫丹桂光索。只有氣化的紫丹桂光索可以進出
涅槃境界，能進入且願進入涅槃界的，就是還虛的
意思。

　　氣化後的精子，有一層保護膜包覆著，可以耐
任何的高溫或低溫，方便在任何時空中穿梭。具有
6 個面向的結晶體，見圖四。

　　如果男性遇到早洩（Premature Ejaculation-Jizz）
問題怎麼辦？豈不是自己及伴侶都沒有機會享受
性高潮的樂趣了嗎？非也。需知：

　　意識體的性器官以眼睛為表徵，靈體的性器官
以嘴舌為表徵，肉體的性器官以下體的性器官為表
徵。如果你與伴侶相視而悅，表示意識體已經結
合，如果熱吻而亢奮，表示靈體已經結合。如果早
洩了，表示肉體未能充分結合。解決之道就是伴侶
用靈體的性器官施以口交。早洩輕微的，使用一般
式的口交 Auparishtaka 即可。如果嚴重的，應使用
69 式的 Mukhamaithuna，讓你在射精後仍能雄風再
現，這也是漏盡通法門的精微，奧妙與珍貴之處。

當然射精後與口交前的間隔時間要多久或是否需要更換伴侶，需視當事人的狀況而定，運用之妙，存乎一心。

如果男性遇到陽痿或男女遇到性冷感時，怎麼辦？

首先，在晚上睡覺前，身體平躺，並同時做以下的動作：

1.雙腳五個腳趾向內勾起來，維持不動，約 1-2 分鐘，感到輕微痠痛，即放鬆休息片刻，然後繼續，如此操作 3-5 次即可。每次需默念咒語「莎瑪森巴莎瑪巴瑪」（SAMASAMBA SAMABAMA）7 遍。這個叫做「無極電位充電歸零法」，讓 220V 的電壓充飽雙腿，使下五行運作順暢。左右各五個腳趾加起來合十，代表圓滿之意。充電即等於充血，雙腳的末梢神經因充血而變得靈敏。

2.雙手平放，食指勾起來，頂在虎口的中央，拇指與中指相扣，無名指與小指勾起來，無名指頂

在手掌心的位置，小指緊接在後。然後將手刀後半節平放，初始與臥床成 90 度最佳（放正之意），之後偏向成 45 度放鬆斜放即可。這個叫做「太極電位充電歸零法」，讓 110V 的電壓充飽雙臂，使上五行運作順暢，感覺手麻即可休息，然後繼續。時間多久及次數不拘，最好雙手握到自然入睡。左右各五個手指加起來合十，也代表圓滿之意，見手勢圖1 與手勢圖 2。雙手的末梢神經因充血使得雙手也變得更為靈巧。特別是食指第一指結的充電，等同陽具與陰道的充血，可提升性能力，效果顯著。

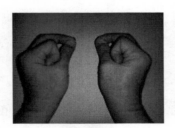

手勢圖 1

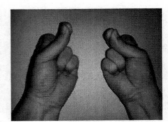

手勢圖 2

　　心意專注，口中默念這個咒語：莎瑪森巴 莎瑪巴瑪 （SAMASAMBA SAMABAMA）至少各七次。如果旁邊沒人，也可以發出聲音來唸。這個咒語是用來呼喚女神拉克西絲（Lachesis）將自己降

生前所選擇的半神（另一半）以守護神及實現者的姿態令其速速現形以便爲自己帶來財富與情感的豐沛，好讓自己出生前想要的生活能早日實現。用來治療失眠也頗有效用。尤有甚者，唸出來並正確書寫 SAMASAMBA SAMABAMA 可預防老年痴呆症（阿茲海默症 Alzheimer's Disease），增強腦部與手的連結順暢，進而改善神經功能障礙。若唸出來會干擾他人，以默念並書寫之即可，書寫次數不拘。

　　這個咒語等同道家符咒的「急急如律令」。希臘哲學家柏拉圖在「理想國」中曾提及此一半神概念，也被安德魯・哈維（Andrew Harvey）在自悟之路（The Direct Patch）中所引述。這個手勢則等同密宗的大手印，可幫助行者進入禪定（三摩地）而得見自性。

　　這個咒語，則來自克里希那 Krishna 的天啓。每個人都追求自己的另一半，好讓生命美好無缺。就像克里希那（Krishna）的配偶媧妲（Radha）及濕婆（施威 Shiva）的配偶財富女神拉克絲密（Lakshmi）所展現的一樣。

　　由於人類手腳的肌肉細胞及腦神經一千億個神經細胞具有發電和變壓的能力，上述的手腳動作即是將身體充飽電流及電壓，而口中默念的這個咒語「莎瑪森巴　莎瑪巴瑪」（SAMASAMBA SAMABAMA）即是將腦部進行充飽電流及電壓，使腦部的腦脊髓神經波，絲狀的神經纖維連結線及幅射磁力線得以產生極佳的綜合靈波動力進而活化腦部海馬體的記憶及空間概念的活動範圍及力道，使得與遠方的人作心電感應或與異次元靈體的交流成為事實。

　　腦部進行充電最大的四項收益為：第一，可增強並發出乙醯膽鹼（Acetylcholine）的神經傳導物質使人變得很有幹勁，改善或治癒阿茲海默症（Alzheimer's Disease），因為阿茲海默症的患者就是乙醯膽鹼減少很多，變得懶洋洋的。第二，增強海馬體與人類共有的記憶庫連結，可以開啓多方面的才華及強化神經元（Neuron）對資訊吸收及處理的能力並增進創新能力。 第三，新皮質的視覺區下視丘與腦下垂體相連接，可刺激腦下垂體分泌賀爾蒙（生長激素 Growth Hormone 及釋放激素

Releasing Hormone），使肌膚看起來光華細緻，更讓眼睛充滿電磁力，成為火眼金睛或電眼，迷倒眾生。同時，下視丘也是性欲中心，位於下視丘的前視覺區內側（Medial Preoptic Area）的神經活動頻率可高達每秒五十次。經充電後，在做愛過程中更可刺激腦下垂體分泌大量的多巴胺（Dopamine）進而助於達到高潮並於高潮後釋放賀爾蒙催產素（Oxytocin）達成事後的放鬆感，尤有甚者，多巴胺這種神經傳導賀爾蒙可以預防或治癒手及手指顫抖和走路成小碎步的帕金森氏症。第四，改變癌症初期癌細胞的電氣性質，達到治癒的效果。靜止的細胞其內部是帶負極的陰電，其外部是帶正極的陽電。興奮的癌細胞則內部為帶正極的陽電，其外部是帶負極的陰電。患了初期癌症的人，通常使用放射線治療，就是要將興奮的癌細胞內部變為陰極的負電，使其成為近乎靜止的狀態而無能活躍，達到治癒效果。

因此，如果進行腦部充電，同時也進行上述手腳的充電，可增強體內細胞的幅射磁力將活躍病毒細胞內的正電改為負電，使其靜止，可遏阻病毒破

壞身體。靜止的癌細胞或病毒細胞，如果內部沒有能動的正電，就會在 7×7＝49 日內枯萎而死亡。同時身體及腦部充電的附加效益為不畏寒暑，體質會起根本的變化，變得年青而有活力，就像回春一樣。

在此，特別提及龍眼的效益。龍眼果肉中的纖維具有結合的氰化物（Cyanide），叫作花青素（Anthocyanins），是植物生化素（Phytochemical）的其中一種，能夠將細菌、黴菌、病毒分化掉，又不損害正常的細胞，具有殺死癌細胞的抗癌效果，同時具有抗氧化的防老功效，對增進視力的保固與皮膚的緊實美白，也頗有幫助。因為它是屬於黑色食物，能將白髮轉為灰色甚至黑色。

龍眼對增強記憶力，消除疲勞，滋補氣血方面的功效並不亞於人參、黃耆與紅棗。由於龍眼的營養價值極高，幾乎含有人體所需要的各種營養素，因此被稱為「果中聖品」。每 100 公克的鮮龍眼，包括下列成分：

1. 熱量　73 卡
2. 水分　80.4 公克
3. 蛋白質　1.3 公克
4. 脂肪　0.9 公克
5. 碳水化合物　16.9 公克
6. 維他命 B1　0.04 公克
7. 維他命 B2　50.14 公克
8. 維他命 B6　50.08 公克
9. 維他命 C　188 毫克
10. 少量維他命 E
11. 纖維含量　1.1 公克
12. 礦物質含：

    鈣　323 毫克

    磷　142 毫克

    鐵　30.3 毫克

    鎂　29 毫克

    鉀　9260 毫克

    鈉　5 毫克

    鋅　70.5 毫克

13. 類胡蘿蔔素

14. 酒石酸
15. 腺嘌呤
16. 膽鹼
17. 多醣／單醣糖分（葡萄糖、蔗糖－多醣和果糖－單醣）

　　鐵質為造血的要素，鋅為造精的要素，膽鹼則為預防阿茲海默症的要素。可以製成龍眼乾以便保存與食用。但因熱量高，糖尿病患者少量品嚐即可，因含鉀量高，腎臟病忌鉀者也只能淺嚐，因含有腺嘌呤，痛風者若吃過量的龍眼會引起關節腫痛。

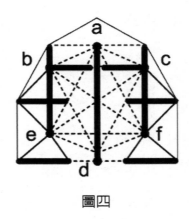

圖四

　　氣化後的卵子，也有一層保護膜包覆著，亦可以耐任何的高溫或低溫，方便在任何時空中穿梭。唯它的磁性與氣化後的精子相反，見圖五。如果氣化後的精子是物質，則氣化後的卵子是反物質，具有 6 個反面向的結晶體。

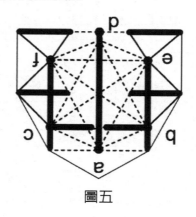

圖五

　　然而，為甚麼氣化的紫丹桂光索能夠出入涅槃界？因為它內含了七音律、八度音階、九宮圖、十天干圖與十二地支圖，形成一個金剛不壞的無漏體的內部結構，請參考圖六與圖七。

　　七音律：包含三魂與七魄、肉體、靈體、意識體、玄、命、形、精、氣、神、太極＋無極以及免疫力、性力、消化力、情緒力、說服力、直覺力、

宏觀力等綜合元素交互激盪的結果，產生八度音階。

1.cbd do	8.cdb do	1.dbc do	8.dcb do
2.cab si	7.cde si	2.dab re	7.dfb si
3.cae la	6.cbf la	3.dae me	6.dcf la
4.cad so	5.cbe so	4.dac fa	5.daf so
9.cdf 左輔	10.caf 右弼	9.dec 左輔	10.deb 右弼

1.aef do	8.afe do	1.eaf do	8.efa do
2.aed re	7.afd si	2.ebc re	7.ebd si
3.abd me	6.acd la	3.eac me	6.ebf la
4.abe fa	5.acf so	4.ead fa	5.ebc so
9.aec 左輔	10.abf 右弼	9.efc 左輔	10.efd 右弼

1.bcd do	8.bdc do	1.fea do	8.fae do
2.bac re	7.bdf si	2.fca re	7.fad si
3.bad me	6.bef la	3.fcb me	6.fab la
4.bae fa	5.baf so	4.fce fa	5.fde so
9.bec 左輔	10.bfc 右弼	9.feb 左輔	10.fbd 右弼

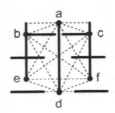

十天干圖 Ten Clestial Stems Drawing

1.aef do	8. afe do
2.aed re	7. afd si
3.abd me	6. acd la
4.abe fa	5. acf so
9.aec 青龍	10. abf 白虎
11.abc 朱雀	12.def 玄武

1.dbc do	8.dcb do
2.dab re	7.dfb si
3.dae me	6.dcf la
4.dac fa	5.daf so
9.dec 青龍	10.deb 白虎
11.def 朱雀	12.abc 玄武

十二地支圖 Twelve Animals Drawing

圖六　十天干圖與十二地支圖

　　八度音階：提供了識神，元神及谷神在三界的活動空間。每個音階都可用一個鐵三角來代表。例如 aef，aed，acf 等等。為何是用三角形來表示呢？這是煉金術的象徵。初始的時候，男女是用頭腦與身體會合。兩個頭腦與兩個身體，所以是四角形。沒有性高潮。當達到性高潮時，兩個頭腦融入彼此成為一個頭腦；兩個身體也融入彼此成為一個身體，第三個角則代表性高潮。肉體的頂峰性高潮仍可帶來愉悅與健身作用。大衛之星的兩個三角形反相交合，也是陰陽交合之義。

　　九宮圖：由於「谷底性高潮」或「靈性性高潮」尚未被體悟或尚未被達成，只能進行上升下降，下降上昇的肉體性高潮的巡迴。

　　十天干圖：一但領悟了「谷底性高潮」或「靈性性高潮」，無論是採用譚催（Tantra）法門或谷丹經法門，都會形成一個圓形，原來的三個角都消失了。但在三角形消失前，會先產生 60 個三角形，天上的左輔右弼星也前來相助，這 60 個三角形即代表一個甲子的天數。60 個三角形分散在 6 個區塊

裡。象徵大衛之星的六個星角，每個星角又內含了 10 個小三角，稱之為小天干圖。

　　請注意，當三角形變成圓形時，大衛之星的六個角就由三角形變成圓形。圓形是在靜態的情況下，在移動飛行時，因內部能量擠壓的關係，變成類似橄欖球的橢圓形狀（見圖七），即是我說的「紫丹桂光索」（Astral Purple Light Cord）。橢圓形是流線形的，接觸及摩擦面積比圓形小，所以它在啟動而且以極大於光速的速度在巡弋時，效能更高。「紫丹桂光索」發出紫色的光，一旦氣化後，結合紅、橙、黃、綠、藍、靛、紫七色而發出耀眼的白光，像大日如來的光一樣。「紫丹桂光索」僅限穿梭於三界之內，氣化的「紫丹桂光索」（Steaming Astral Purple Refined Light Cord）才可以出入三界。未氣化的紫丹桂光索，就是靈體的動能。氫原子的電子能級大概約等於一個波長 92 nm 的紫外線光子，而氫的原子光譜就是紫色。光也是一種電磁波，肉眼可及的波長約 380 nm 至 780 nm，紫外線的波長 92nm 則無法以肉眼看到，只能靠科學儀器或靈視，方能看到。氫原子氧化，失去一個電子後，成

為氫離子，又稱為氫質子。因為電子的向心力是由質子和電子的電磁力產生，所以，沒有了電子的向心力與電磁力的束縛，氫離子可以脫離地心引力而自由移動，小自人體內的大腸桿菌到靈體的移動，都靠氫離子的活動而生效。純淨的氫氣與氧氣混合而燃燒時會放出耀眼的紫外線，因此，做愛是最佳的氫原子氧化過程，能產生大量的氧氣與氫氣互相燃燒，產生靈體活動所需的氫離子，因而飄飄欲仙。

同時，氫氣的晶體結構是六方晶系（hexagonal crystal system），有一個 6 次對稱軸或者 6 次倒轉軸，這也說明了何以精子具有 6 個面向的飛行載體而卵子具有 6 個反面向的飛行載體。（見圖四及圖五）更進一步說，靈體即是肉體的結晶體，而意識體即是靈體的結晶體。

煉精化氣，目的就是要強化靈體的動能及元神的智能。煉氣化神，則是要昇華意識體的動能進而與谷神的智能合而為一，以便能自由出入涅槃，遂行轉世及濟世的任務。煉神還虛，就是在確保靈性提昇的修煉能夠功成圓滿。

　　十二地支圖：除了原來的八度音階，加上青龍、朱雀、白虎與玄武的四個元素加入，形成地支圖。因為有陰陽之分，所以有兩組十二地支圖出現，代表物種的生生不息。接著我們要問：當氣化的紫丹桂光索煉成後並還歸虛空時，是甚麼景象？為何可以進入涅槃？

　　首先，我們先看看氣化紫丹桂光索的外觀與內部構造圖，見圖七。

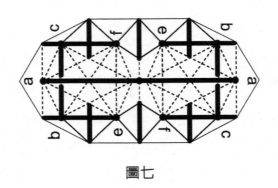

圖七

　　我說過，紫丹桂光索是一種意識飛行器，外形有 10 個邊，卻接近橢圓形。看起來像一個幽浮。10 個邊代表十天干，內部有兩個大衛之星，每個大衛之星各有 6 個三角形，所以共有 12 個內三角形，

代表 12 地支，兩個大衛之星象徵坎卦中的眞陽與離卦中的眞陰互相交換，得到一個眞陽的男人與一個眞陰的女人，因而得以回復到原始的三個純陽的乾卦與三個純陰的坤卦如下圖：

純陽乾卦　　　　純陰坤卦

換言之，就是男融於女，女融於男後，然後各自得到一個全新無漏的眞身。所以，紫丹桂光索將天地人三者融於一爐，頗有修煉成大羅金仙的意涵。由於眞陰與眞陽的交互激盪，終於煉就了氣化的紫丹桂光索，我們稱之爲炁，或稱爲超靈，或稱爲純粹意識。

紫丹桂光索爲靈性性高潮所生。氣化之紫丹桂光索則爲「漏盡通」性高潮所生。紫丹桂光索唯有靠氣化之紫丹桂光索所產生的極高溫才能被氣化成另一個氣化之紫丹桂光索，換言之，氣化之紫丹

桂光索是紫丹桂光索的父母，紫丹桂光索則為氣化之紫丹桂的子女。

　為何它能進入涅槃界呢？因為氣化的紫丹桂光索已經是一種超級能量，也是一個帶能「者」，根據「即一即異」的哲理，這個超級能量與它的帶能「者」已經無二無別，並具有超靈的意識力，所以能夠自由出入三界之外的涅槃界。

　同時，任何一個新宇宙的誕生，就像人類一樣，需要一個父宇宙雄體和另一個母宇宙雌體的交合。而且新宇宙的誕生就像女性懷孕的肚子一樣，要一直膨漲長大而且不會停止，因為無時間性。為了平衡宇宙生態，必須要有許多黑洞做收縮吸入的動作，將多餘或老化或已垂死的星球消滅之。這個氣化的紫丹桂光索好比宇宙父體及宇宙母體所生的小孩，這個小孩經過修煉而氣化之後成為炁，再返回到他父母的家鄉涅槃境，是天經地義，非常自然的事。

現在問題來了，究竟要處在怎樣的情境裡？才能煉就氣化的紫丹桂光索？答案是：讓自己處在「漏盡通」性高潮的極樂狀態下。如果僅停留在「靈性性高潮」下，只能修證紫丹桂光索，無法將紫丹桂光索氣化之。因為太極中的陰陽仍是有漏之體，陰中有陽，陽中有陰。陰中的陽與陽中的陰互換後，得真陰（女）體與真陽（男）體，但是性能量的亢達里尼無法上昇而往下降的話，就回到原狀態。

由於下列的三要素構成了「谷底性高潮」或「靈性性高潮」，所以能量是往上提升的而非向下排出。亦即，如果當亢達里尼的能量充滿於腦幹時，繼續衝出百會穴，再向上攀升而不下降，就是進入「谷底性高潮」或「靈性性高潮」。當掌管超意識的谷神獲得這樣的能量時，立刻變為氣化的紫丹桂光索，也就是我們所說的先天炁，或康德所說的純粹意識，並得以進入涅槃境界。

第一要素：無時間性

我們知道，時間就是空間的流動，也就是說，

當無時間性時，也就沒有空間的流動，沒有空間的流動，就沒有任何意識流的流動，此時，就產生了「意不動」或「神定」的狀態，也就是一種肉體性高潮的狀態。靈性性高潮同時也具有無時間性的特點，但僅存一念，可流動，可不流動，而非沒有任何意識流的流動。

第二要素：無自我性

因為神定了，連八識都停止了，自我意識當然也跟著消失。

所以腦中是一片空白，無從做任何意識活動。剩下的只有肉體的感覺。那是一種銷魂攝魄的極樂快感。這是肉體之高峰性高潮的狀態。但如果進一步轉化為靈性性高潮，則進入禪定的狀態，僅存一念，叫作「無念無不念」，而非腦中一片空白。這是肉體性高潮與靈性性高潮的本體性差異。靈性性高潮如同 Boogie Woogie 的旋律，在曲終時達到音律的最高潮，而且 tune 一直往上升，真是意猶未盡，欲罷不能。

第三要素：無二元性

　　當第三要素的無二元性也同時產生時，肉體的感覺將會消失。也就是說，空間也跟著消失，而空間就是固定的時間，如此一來，時間也就一起隨之消失，於是，就沒有任何事物能夠發生。因為任何事物的發生，都需要時間，或空間的移動。在這無時間無空間的狀態下，也就沒有頭腦與身體，善與惡，美與醜等的二元對立。此時的能量就是純粹而巨大無比的宇宙能量。這股宇宙能量，我們即稱之為涅槃，它存在於三界之外。無論肉體性高潮或靈性性高潮都具有無二元性。

　　在肉體性高潮時，沒有任何事物能夠發生，但在靈性性高潮時，也沒有任何事物能夠發生，但也可發生任何事物，也就是所謂的「無為無不為」。這是肉體性高潮與靈性性高潮在本體應用上的差異。

　　請注意，當氣化的紫丹桂光索形成時，它已經沒有「進入」涅槃的問題了，因為氣化的紫丹桂光索就是宇宙能量，又稱為炁。是一個具有可以進入

所有物種內部結構裡的純粹意識。但是，氣化之紫丹桂光索的「神定」則與靈體的「神定」不一樣，它是一種「性格神首」（Balarama）的神定，Balarama是毗濕奴（Vishnu）第七次的轉世。所以，氣化之紫丹桂光索本身就是神定，無形無體，因此沒有所謂由靈體，意識體煉成神定工夫的這個問題。但同時它也是具有神定工夫的 Balarama，一個自然人，如同克里希那（Krishna）一樣。這個就是「即一即異」的哲理之奧義所在。

「即一」，指的是「氣化之紫丹桂光索」本身，換言之，就是一種宇宙能量，又稱為炁，又稱為「純粹意識」，或進一步說，可以說是克里希那本尊，又叫超靈，這是獨一無二的。「即異」，指的是由克里希那本尊所拓展出來的一切萬物，包括各個不同的男女，不同的動植礦物，山川海河，日月星辰及所有被造的物種等等，於是，就顯出了所有物種的相異處。

但有一個共通點，就是所有物種也都被克里希那本尊的超靈或宇宙能量，或炁，或「純粹意識」

或「氣化之紫丹桂光索」所進入而具有無窮的莫大能量，能達成一切成就。這個就是再創造的精髓要意。沒有足夠的能量，就無法再創造。

　　舉例而言，克里希那 Krishna 的配偶娲妲 Radha，也是由 Krishna 所創生，當 Krishna 和 Radha 做肉體及靈性的合體時，又會回歸到一。聖經也說，女性是由男性的肋骨所創生。而 Radhi-Krishna 一詞就是愛的交流之意。但 Radha 並沒有與 Krishna 隔離，她也是 Krishna，因為能量和具有能量「者」之間沒有分別。因為無能量，則具有能量「者」便失去意義，無能量的一個具有能量「者」是無法做任何事情的。而沒有了具有能量「者」，能量也無法發生任何功效與作用，等同無能量。

　　當然，如果能量與具有能量「者」相結合，就能進一步探討並認識涅槃的應用了。順便一提天與地的關係。天數是十，地數是十二。天數為 1, 2, 3, 4, 5, 6, 7, 8, 9, 10。地數是 1, 2, 3, 4, 5, 6, 7, 8, 9, 10, 11, 12。天地數互相作用，產生 60 年為一甲子的時

間周期循環單位。宇宙父體（1, 3, 5, 7, 9, 11）各個奇數尚未交互運作以前屬純陽，天也有一個反物質，就是宇宙母體（在宇宙父體 1, 3, 5, 7, 9, 11 各個奇數交互運作以後 1＋3＋5＋7＋9＋11＝36，得一偶數）屬純陰，即是 36 天罡之數。但 36 卻是偶數屬陰。所以，天有一個宇宙父體（純陽）與一個宇宙母體（純陰）。宇宙父母之體交合產生了地球。地球因為同時具有宇宙父體與宇宙母體的因子，所以總數是 36＋36＝72，即是 72 地煞之數。所以地球同時具有南北兩極的相反極性。其他的星球與萬物，包括人類也均由宇宙父體與宇宙母體交合而來。為甚麼人的基因染射體成雙螺旋反向交合狀，而且陰中有陽，陽中有陰，其理在此。太極圖也說明了這個原理。克里希那 Krishna 代表宇宙父體，配偶媧姐 Radha 代表宇宙母體，「即一即異」，「即異即一」，兩者即是相同，又是不同。

　　我們看看細胞分裂的過程，也是根據這個原理。

　　細胞核內的染色體 DNA 延長成絲狀，平時是散亂分佈在細胞核中，染色亦深淺不一，叫作染色質，就像宇宙父體 1, 3, 5, 7, 9, 11 的基因在交互運作之前的狀態，是各自獨立，互不連結而分散的，是奇數。

　　但當細胞要準備分裂時，DNA 便會與組織蛋白（Histon）結合，然後纏繞起來，成為巨大清楚的染色體，尤其當染色體複製完，尚未分開時，是連在一起的姐妹染色體。

　　在細胞分裂的過程中，染色質不斷地濃縮捲曲成粗細一致、染色均勻、但長短不一的緊密物體，是為染色體。染色體是由雙螺旋的 DNA 分子纏繞而成。承載生物體內所有遺傳物質的構造稱為染色體（chromosome）。一筆細胞遺傳資料就是一個基因，而基因是由細的雙螺旋 DNA（去氧核醣核酸）所構成，所以也可以說細胞遺傳資料就是 DNA。新的 DNA 染色體是經過細胞分裂複製後所形成的姐妹染色體。這就像宇宙父體 Krishna 內的染色體

DNA 開始運作時，每個奇數的基因都相加並結合成偶數的 36（1＋3＋5＋7＋9＋11＝36），成為染色體被複製後所形的宇宙母體 Radha。因此 1, 3, 5, 7, 9, 11 的基因組合代表先天的宇宙父體 Krishna。1＋3＋5＋7＋9＋11 的基因組合代表後天的宇宙母體 Radha。因此，凡是被產生的後天萬物，其 DNA 都是以雙數存在，也因此而能孕育下一代，生生不息。

同時，煉神還虛的境界可與九宮圖（Cloud 9 Drawing）相輝映，還可以 999 的黃金純度來比擬。九宮圖中的 9，代表陽的極數，也是三大性高潮類型的交會點，如果性高潮持續上升而不下降（come down），就是練神還虛回到涅槃境界的意思。八度音階的低音 do (1)及高音 do (8)再加上重覆一次而達到進階的高音 do (9)，就形成了九宮圖。換言之，進階的高音 do (9)同時將低音的 do (1)及高音的 do (8)，都提升到相同的進階 do (9)，形成了 999 的黃金純度。

　　9＋9＋9＝27 取代 9×3＝27 顯示了建構式數學的演繹積分哲理，27－9－9＝9 取代 27／3＝9 顯示了建構式數學的歸納微分玄理。因此乘法是加法的演繹，除法是減法的歸納。技術性的乘除法與基礎性的加減法，都不可偏廢，應該進一步的闡明其互相關聯與相互應用的微妙連結關係。

Létizia

Sponsored by Letizia Serpereau

Sponsored by Alla Shlyahova

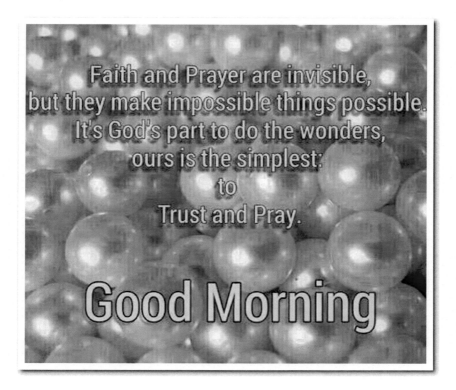

Faith and Prayer are invisible,
but they make impossible things possible.
It's God's part to do the wonders,
ours is the simplest:
to
Trust and Pray.

Good Morning

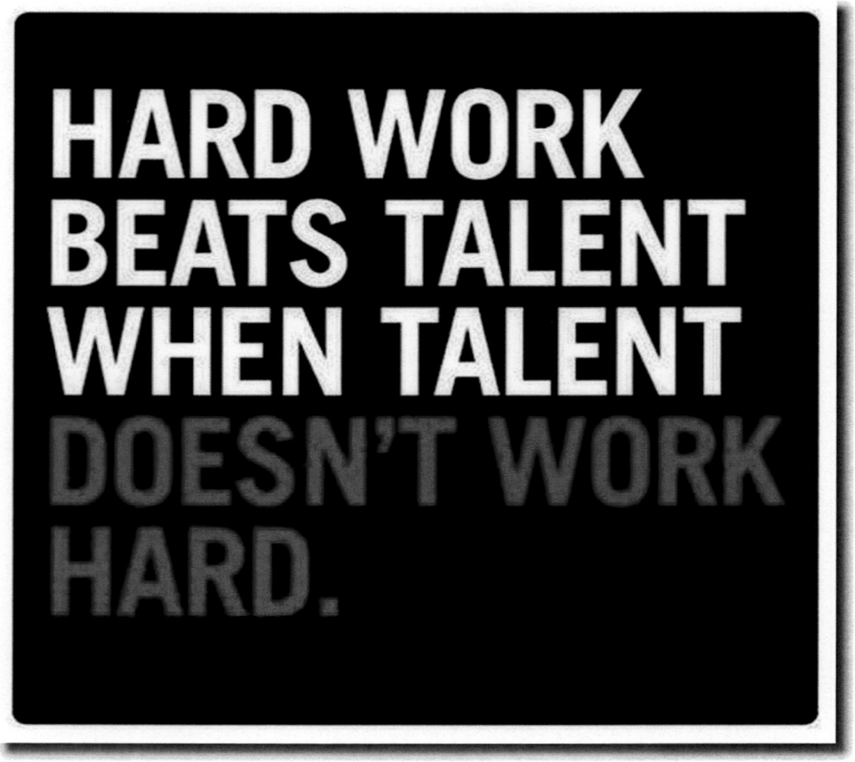
HARD WORK
BEATS TALENT
WHEN TALENT
DOESN'T WORK
HARD.

第六章

結論　認識涅槃的應用

新貧與消失中的中產階級

新興經濟模式——國家資本主義的興起

　　諸位，當我們了解氣化之紫丹桂光索本身，即是涅槃，即是宇宙能量時，是否興起一股想要修煉谷丹經法門的意願與興趣呢？

　　涅槃在三界以外，是無爲的，稱爲道之體，在三界以內，則是無不爲的，稱爲道之用。只要仔細參研書中的功法，必可悟出其中的絕竅。從知命、請命、造命到修命、煉命、復性，進而修命復性與性命雙運，氣化之紫丹桂光索沒有修煉不成的。

　　當你修煉成功時，就可以出三界之外，取得極

大的能量，然後入三界之內，在科學、哲學或玄學
的領域中獲得極高的成就，達到登峰造極的境界，
這就是涅槃的應用。因爲氣化之紫丹桂光索既是能
量，也是具有能量「者」，二者已經合而爲一。當
靈性的修煉達到極致時，我們就回歸到自身的原始
狀態，具有克里希那知覺（Krishna Consciousness）
或稱爲完形知覺（Gestalt Consciousness），能在瞬
間覺知全體，並同時向所有的方向進行探索並採取
一個多次元的無限行爲。亦即，無所不知，無所不
能。尤有甚者，可以自己制定主場優勢及遊戲規
則，讓其他人成爲追隨者，進而掌握並達成所要的
結果。這就是自我實現的終極意義。

　　Gestalt 是德文，這個字非常有意思。可以翻譯
成完形（完全形態或完成形態），包含身體的外型
（shape），外貌（form），骨架（frame），身體內部
構造（physique），線條（figure）以及心理上的性
格（character），態度及舉止（manner），行爲風格
（way），穿著及打扮風尙（guise fashion），進而演
繹並形成在文學或藝術上的各種流派，甚至包含在

政治，軍事及商業上的案例（case），這個範圍包含並擴及到一切物種（kind）的完形，不限於人類這個物種。

它的動詞是 Gestalten。亦即，按照自己所要的完形，去安排（arrange），組織（organize）或創造（create），直到這個完形意念獲得實踐爲止。這個過程或許極爲冗長，而且必經艱困的煉獄，但終將有所斬獲。古今中外有幾個著名的修爲案例如下：

1. 姜子牙

東海許州人氏，姓姜名尚，字子牙，32 歲時上崑崙山追隨原始天尊修道 40 年。原始天尊告訴他：「你生來命薄，仙道難成，只可受人間之福。成湯數盡，周室將興。你與我代勞，封神下山，扶助明主，身爲將相，也不枉你上山修行 40 年之功。此處亦非汝久居之地，可早早收拾下山。」

於是姜子牙 72 歲下山。在 80 歲於渭水垂釣遇文王以前，生活清苦。靠著朋友的幫忙做些小生

意，結果以虧損收場。又編織些竹製品沿街叫賣，所得卻不足以餬口，最後只好以擅長的卜卦算命維生。受文王知遇之恩，他想帶妻子馬氏進京輔佐文王，馬氏認爲他沒甚本領，不但拒絕同行，還跟他離了婚，改嫁給一個農夫。經過長年的征戰，終於幫助武王平定天下，建都長安，垂拱而治，海內清平，萬民樂業。於 93 歲時拜將，96 歲時封相，98 歲時封罷 365 位正神畢，包括雷部二十四位天君、火部五位正神、五斗星君及二十八星宿等。

姜子牙也得到太上老君道德天尊的鼎力相助而破了誅仙陣。老子經過懷胎八十一年才出生，著作《道德經》八十一篇，姜子牙在歷經八十年苦心修煉後年也在八十一歲那年開啓他的政治生涯第二生命的新紀元。這個奧意與本書英文版的書名"REFINERY FOR LIVING TWICE"完全吻合。

2. 德川家康（1542-1616）

德川家康自幼就在金川義元家做人質。兩次都是政治婚姻，第一任妻子是築山殿，金川家的女

兒，以便就近監視與籠絡。後來又臣屬於織田信長
（1534-1582）。第三個主人則是豐臣秀吉（1536-
1598）。豐臣秀吉知道他非池中之物，如不趁早懷
柔，後患無窮。結果逼他的異父妹妹「朝日」與其
夫婿離婚而改嫁給德川家康。當時「朝日」年齡比
德川家康還大，但德川家康忍了下來。豐臣秀吉專
挑名門閨秀，但生下的兒女多夭折。晚年才生了幼
子豐臣秀賴，並打造大阪城，希望他將來統一天
下。可惜為時已晚，這個幼主與其生母後來都被家
康逼得自盡。當時老百姓流行下面這首歌「織田搗
米，豐田做餅，家康坐著享受。」事實上，家康直
到 57 歲為止，他始終沒有政治上的自主權。

　　55 歲時，他參與關之原會戰（1600）。關原之
戰是豐臣得力家臣石田三成（1560-1600）為了打倒
德川家康而發起。因為豐臣家的重臣中，多數認為
德川家康有滅豐臣而掌握天下的野心，必須除掉這
個大患。

　　德川軍只有 78,000 人，真正由德川家康直轄的

部隊及井伊直政，本多忠勝等部隊，不過 33,000
人。慶長 5 年 7 月 17 日，以石田三成為首的西軍
83,000 人向東軍德川家康宣戰，在關原西方山腳下
展開殊死戰。

西軍統帥石田三成是文人派，無實戰經驗而且
缺乏統率力。家康利用豐臣部隊中武人派與文人派
的矛盾與對立，施展離間計，導致小早川秀秋陣前
倒戈，帶領 13,000 兵士像雪崩一樣地直撲西軍側
背，影響西軍士氣甚巨，戰勢就此決定。這個「以
正合，以奇勝」的戰術因此奏功。如果石田三成有
統率力，他就會像川中島之戰的武田信玄及上杉謙
信一樣反咬東軍側腹，然而石田三成並沒有這個膽
識。

關原之戰後兩年半（1603）二月，德川家康奏
請朝廷，任命他為右大臣，征夷大將軍，在江戶開
創幕府，時年 57 歲。

1614 年 10 月，家康與他兒子秀忠率十萬大軍

包圍大阪城，猛攻逾月，未能獲勝。後來他派侍妾阿茶局與秀吉的遺孀假裝議和，家康答應大阪方面許多優渥條件，並在安定天下的大義名分之下撤了兵。趁撤兵時，將大阪城的護城河也填平了，理由是，既然和平了，護城已沒有必要。殊不知，只過了五個月的光景，大軍捲土重來，家康下令，殺光大阪城內秀賴全家，並株連所有的人，敵軍被逼近城內一條河邊，至少殺了兩萬人，趕盡殺絕，大阪城屍橫遍野，慘不忍睹。秀賴母子後悔中了和談詭技，二人自盡而死，降將也遭格殺勿赦，永絕後患，這是 1615 年 5 月的事。換言之，從 1598 年豐臣秀吉之死到 1615 年，家康忍耐了 17 年，才獲得最後的勝利，當時他 74 歲。他常說的一句話：「忍耐的人總會有機會的」，得到了事實的證明。

　　家康有正室兩人如上述，侍妾 15 名，共生了11 男與 5 名女孩。他的第 11 個男孩賴房是在他 62歲時與英勝院所生，家康把他封至水戶，並參與幕府大事，常駐江戶。最後一個女兒市姬則是在他 66歲那年所生，可見他步入老年後身體依然健朗，性

機能也保持暢旺。他不拘泥妻妾的出身，無論是家臣的女兒或寡婦，都能得到他的寵幸與憐愛。他認為寡婦較一般女子更能忍辱負重，也較能托負重任。阿茶局也是寡婦，對家康的貢獻最大，因為她代表家康與大阪城假議和，終於幫助家康一統天下，進而奠定往後 270 年幕府時代的基業。

家康認為所謂人才的首要條件，即是要能料事如神，並具有創業精神，能綜觀大局之變，事先了解機微。諸葛亮是最好的例子，不但未卜先知，觀察入微，並六出祈山，欲幫助漢室後主統一中原。可惜糧草不繼，功敗垂成，飲恨而終。

3. 伯納德·勞·蒙哥馬利（Bernard Law Montgomery, 1887-1976）

英國陸軍元帥蒙哥馬利是第二次世界大戰盟軍傑出的指揮官之一，是一位了不起的英國軍事天才，並具有政治的洞悉力。

他的對手德國陸軍元帥隆美爾（Rommel）已

經是一位非常傑出的將領，擅長以寡擊眾，以弱敵
強，具有奇襲的本領，對空間與時間的敏感度與觀
察力，都非凡人能比，而且用兵神速，他的裝甲部
隊，常以極有限的資源下取得戰爭的勝利，人稱沙
漠之狐。英國第八軍團的士兵們都奉他爲神明。

　　隆美爾利用第一次世界大戰的經驗，寫了一本
步兵戰術教科書：「步兵攻擊」（Infantry Greiff
An），被瑞士陸軍選爲教科書，更受到希特勒的賞
識，特加拔擢，成爲德國最年輕的元帥。有一次，
他觀摩德軍在波蘭戰場上的「閃擊戰（Blitzkrieg），
這是他首次和裝甲兵接觸。

　　波蘭戰役結束後，他自動向希特勒請求擔任一
個裝甲師的師長。1940 年 2 月 15 日，他被任命爲
新成立的第七裝甲師師長。隆美爾的坐騎是一部英
國製造的「猛馬」（Mammoth）裝甲卡車，那是他
在第一次攻入昔蘭尼加時的戰利品，後來成爲他非
洲裝甲軍的軍長座車。隆美爾喜歡親臨戰場攝影，
並將戰況鉅細靡遺的寫成記錄。蒙哥馬利也是，每

天都將戰況及發展記錄下來。隆美爾對蒙哥馬利的印象是：一個十分謹慎的人，不作任何沒有把握的冒險。1942 年 8 月 30-31 日的夜裡，隆美爾裝甲軍團的摩托化部分及步兵，開始向英軍阿拉敏防線南端的要塞發動攻擊。

在攻擊開始的那一天上午，隆美爾離開他的臥車，臉上神色很不好看。他說：「教授（賀斯特爾教授），決定在今天進攻，是我這一生中最難的決定。不是在俄國的德軍達到格羅茲尼（Grozny），而我們非洲軍團也到達蘇伊士運河，……就是……」隆美爾作了一個手勢，表示全盤失敗的意思。請注意，這是一段極為驚人的巧合。蒙哥馬利在爾後的諾曼地登陸前夕，也說出了「……要就全贏，要就全倒」的引述。

當蒙哥馬利元帥奉命接掌第八軍團，要與隆美爾進行沙漠作戰時，說了以下的話：「對於順利處理任何問題，我都有絕對的自信和把握，不過，卻得要准許我運用已經成為我個人軍事教條的思想

和方法。當時我確信，假如能運用我個人這種軍事教條，必能對德作戰中，贏得最後的勝利。」又說：「有關隆美爾其人其事，我又久仰大名已非一日。這項新職，可以說是非常合乎我的胃口，並且我認為自己，是能勝任愉快，是能對付得了隆美爾這位敵手。」他要求一切任務的執行，必須用他自己的準則而進行。這一點，跟隆美爾一樣。隆美爾也很難容忍反對者的意見或接受他人的挑戰，凡事都必須聽令行事。

蒙哥馬利元帥將他的突破作戰取名「超裝藥」（Super Charge）。後來以欺敵計畫在北非阿拉敏會戰（Battle of Alamein, 1942.8.31-9.6）中擊敗隆美爾。他一面在北翼方面，秘匿真正的企圖和行動，一面在南翼方面，造成假的行動徵候。

在北翼地區，於阿拉敏車站附近，建立了一所規模龐大的倉庫，可屯儲 600 噸的補給品，2,000噸油料，以及 420 噸的工兵材料。英軍用巧奪天工的手法，將這些設施掩蔽得絲毫不漏痕跡，避開德

國空軍的低空拍照。同時配置必要的模擬卡車，火砲和彈藥車等等，增加車輛的密度和行駛頻率，來眩惑敵人不斷實施的空中照相偵查。當各攻擊師開始集中運動的時候，再趁夜將模擬裝備，換成真正的作戰車輛。

在南翼地區，則鋪設模擬油管及加油站，連加油的戰士都是假人。油管全長 20 英里，而油管槽溝則完全是按照正常的方式挖掘。用以運送油管材料的鐵軌也是模擬的，是用汽油桶做成的，和槽溝平行向西蜿蜒。每當槽溝填滿 5 英里的時候，模擬鐵軌也便跟著向前展延。同時，還建了三處模擬唧筒站，在兩處唧筒站附近，又建了給水站和儲水池。每個工程的開挖及完工時間，也都標示在一個看板上。全部欺騙計劃的代字是「伯特拉姆」（BERTRAM）。

果不期然，隆美爾向南翼發動攻勢，而德國空軍從 1942 年 10 月 24 日到 1942 年 11 月 2 日的阿拉敏會戰中，總共出擊的架次是 1,624 次，投彈總

噸數是 211.7 噸，均未切中北翼的軍需要害。如果
他向北翼發動攻勢，且空軍集中火力也向北翼加強
轟炸，那麼戰爭結果肯定逆轉勝。

同時，蒙哥馬利的一個老幹部比勒·威廉斯也
洞悉隆美爾的戰法。他將德義兩軍的部屬方式，叫
做「穿著束腰」（corseted）。也就是說，隆美爾在整
個戰線上，是將德國的步兵及傘兵部屬在所屬義軍
各部隊中間，或者在其後面。當戰鬥進行到慘烈高
潮的階段，義大利軍隊會挺不住。比勒·威廉斯認
為，如果我們將德軍和義軍隔斷，則對於作戰的推
演，必定會大有幫助，因為我們可以不太費勁地突
破在純義軍據守下的陣地。他這種真知灼見的分析
和辦法，終於形成了「碾碎」作戰基本計劃的一項
主要特質，終於為阿拉敏的輝煌大捷，鋪下了一條
康莊大道。

這是一場不折不扣的「軍團」會戰。他說：「軍
隊所需要的，是能掌握他們命運的『獨一頭腦』，
自從這次會戰以後，我也便成了他們心目中這位

『獨一頭腦』的人。」事實上，在阿拉敏會戰之前，就已經勝負分明。對德軍而言，就是一場無希望的會戰。英軍的蒙哥馬利將戰備物資準備到極致，這個打法跟諾曼地的戰前準備如出一轍。豐臣秀吉也採用這個戰法，就像大軍壓境一樣，以捲舖蓋的方式，制敵無數。

就戰備而言，德軍戰車約 200 餘輛，義軍約 300 輛，英軍卻在 1,000 輛以上，包含了最優秀的美製新型薛曼式戰車。德軍雖然有相當數量的砲兵，但多數是陳舊的意國貨。英國空軍的大量轟炸和低空攻擊也重創德軍。當隆美爾說英國的戰鬥轟炸機用四十公厘的炸彈摧毀我們的戰車時，戈林大元帥說：「那是不可能的。英國人只懂得如何製造刮鬍子的刀片。」而戰況緊急，隆美爾向希特勒請求支援時，希特勒認為英國已是強弩之末，要他們一兵一卒一槍全部投入戰鬥，不成功便成仁。

在這次苦戰中，英國損失了約 500 輛以上的戰車，是德軍損失數字的三倍。而英國第八軍團幾乎可以用 600 多輛戰車，對抗德軍的 80 輛。而且英

軍的指揮官決心毫不動搖，部隊的耐力不退縮，這是整個戰局的轉捩點。戰爭尾端，德軍只剩 20 輛可用的戰車，而英軍仍有充分的武器，燃料和彈藥。

隆美爾承認，他缺乏未卜先知或先見之明的能力，否則，如果有足夠的燃料，他會採取不同的行動，而且在危機之前就不理會希特勒和墨索里尼的命令與干涉，對抗拘謹而不靈活的蒙哥馬利，他是有制勝之道的，可惜覺悟已晚。

接下來的 1944 年 6 月 6 日的盟軍諾曼地登陸，也是蒙哥馬利元帥一手策劃並執行。這是歷史上最大的一次軍事作戰。其作戰計畫的周詳與對最小事項的要求，也一絲不苟。有好幾個月，英國的訓練地區，場所和港口，都活躍著陸海空三軍的聯合演練。盟軍統帥艾森豪將軍問他何時發動，他說他所要求的油料尚未補足，無法開始登陸。逼得艾森豪將軍只得挪用巴頓將軍的裝甲油料給他，氣得巴頓將軍直跳腳。登陸日接近時，高級統帥召集所屬重要人員對登陸計畫作最後的檢討。這個最大的會議在倫敦的聖保羅學校舉行，由蒙哥馬利元帥主持。

盟國三軍的指揮官全體出席商討和證實他們準備工作的程度。

　　經過一整天熱烈的討論後，會議將要休會，他站起來作最後的致詞，表達他對這次偉大行動必能成功的決心。他向所有人員引述了 17 世紀蒙楚斯的詩句（Marguis of Montrose）：

> 「他太害怕自己的命運，
> 或怕應得的酬庸太小，
> 不膽敢作孤注一擲，
> 要就全贏，要就全倒」

　　一個高級將領，他激勵軍心的發自內心深處的感動能力，也是戰爭勝利不可缺少的一環。順便一提，再一次地，盟軍用欺敵伎倆， 讓德國誤以為巴頓將軍會越過加萊海峽（Pas de Calais）登陸法國，因此，希特勒下令將德國的重兵部署在加萊一線而忽略了盟軍於 D 日眞正的登陸地點是諾曼地。登陸成功後，他的部隊行動進程與速度等方面均爲空前之舉，橫掃法國，如入無人之境。後來又

越過萊因河，佔領德國中部及巴伐利亞（Bavaria）北部。到了 1945 年 5 月 8 日歐洲戰場勝利日（V-E Day）時，巴頓將軍的第三軍團更深入到了奧地利的林茲（Linz）及捷克斯拉夫的皮爾森（Pilsen）等地。最膾炙人口的事蹟，是巴頓曾將其麾下近約五十萬大軍來個大逆轉，朝北強行軍奔赴巴斯通（Bastogne）去拯救被德軍發動奇襲所困的美軍第 101 空降師。他們的受困，致使盟軍攻入德國本土的行動受到阻礙。巴頓將軍不折不扣是個擊垮納粹德國，收復歐陸大部分失土的先鋒。

再回頭來，我要特別一提蒙哥馬利的過人之處。敦克爾克大撤退之後，英國參謀總長賈克。狄爾（Jack Dill）非常沮喪的對他說：「你可知道，現在我們這個國家，正面臨著一千年來第一次遭受入侵的危機？」他聽後大笑而說：「『英格蘭的人民，將絕不相信我們正面臨著遭受入侵的危機，因為他們根本不知道，目前有些肩荷本土衛戍重任的將領們，全都是庸碌無能之輩。』他同時自動請纓，要求准許他再任第三師師長原職，以便能將這個師加以整編，完成擔當未來任務的戰備。他認為，英國

在歐洲的遠征軍裡，普遍缺乏一種對於任何一般政策或戰術原則的理解，當上級與下級部隊間，或是友軍與友軍間發生政策和戰術思想方面歧見的時候，便一任這種歧見自生自滅地繼續存在下去，各階層上級既不懂得協調，更說不上甚麼確切的掌握。」難怪，英法聯軍被德軍痛宰，形成之後的敦克爾克大撤退。

他治軍極為嚴謹，認為指揮階層的澄清與強化，尤其事關重大。也必須將強烈的緊張感，注入每個官兵的心靈深處，以便任何階層的指揮機能，全都健全得無懈可擊。不適任和低能的部隊長，必須要加以徹底整肅。他特別擅長這種訓練不會退卻的部隊，每當他視察任何一個部隊的時候，常教士兵們脫下鋼盔，要看看在他們底眼精神裡面，是否有戰鬥意志的光輝。換言之，他具有慧眼，能識破一個人的真假與其用功的程度。以面相學的角度而言，蒙哥馬利元帥具有一雙炯炯有神的鷹眼，及豐滿的鷹勾鼻，他慣於戴頂貝雷帽，一看，就知道會成為叱吒風雲的軍事將領，天生的領袖氣質，溢於言表。

以上的相關資料來源如下：

・封神演義，陸西星撰，鍾伯敬評，三民書局
　印行。
・蒙哥馬利元帥回憶錄，上下冊，劉方矩譯，
　軍事譯粹社出版。
・二次大戰決定性會戰，紐先鍾譯，德國軍事
　研究協會編著，星光出版社。
・沙漠之狐隆美爾，上下冊，紐先鍾譯，李德
　哈特著，星光出版社。
・德川家康的大謀略，佐佐克明等著，台視文
　化出版公司。
・商用德川家康兵法，陳寶蓮譯，大橋武夫著，
　遠流出版公司。
・巴頓將軍領導論，李懷德譯，亞蘭・亞瑟洛
　德著，麥田出版社。

　　1960 年和 1961 年蒙哥馬利元帥兩次訪問中
國，提出「承認一個中國是緩和國際緊張局勢的原
則之一」。

　　1958 年 9 月，退役後的蒙哥馬利在反省他的軍事生涯時發現，用戰爭消滅戰爭以取得和平的想法是一種幻想。他苦苦思索，希望找到一種結束紛亂狀況並使世界和睦相處的方法。蒙哥馬利於是把目光投向東方，並大膽預測，未來世界和平的關鍵可能在中國，因此他想到中國去看一看。這個命題，至今依然有效。

　　1960 年 5 月 24 日，蒙哥馬利訪華。5 月 27 日晚上，毛澤東在上海會見了蒙哥馬利。1961 年 9 月 23 日蒙哥馬利第二次訪華，毛澤東在武漢又接見到訪的蒙哥馬利元帥。這一次中國外交部做了周密安排：9 月 9 日至 20 日訪問包頭、太原、延安、西安、三門峽、洛陽、鄭州、武漢，回北京後由周總理跟他談，屆時再同毛澤東見面。周恩來還特意把熊向暉找去，要他以外交部辦公廳副主任的名義參加接待小組，陪蒙哥馬利去外地。周總理說：「放手讓蒙哥馬利看，舊中國遺留下的貧窮落後和新中國取得的成就都是客觀存在的，讓他自己看後去做結論，從本質上了解中國。」

　　讀完以上的分析，我們知道，能綜觀全局而佈下大戰略目標與戰術技巧，是屬於谷神能力的修煉範疇。而未卜先知與獨具慧眼，則是屬於元神能力的修煉範疇，但就執行面，則須結合識神的活動能力。要贏得最後的勝利，谷神、元神與識神的一氣呵成，至關緊要。商場如戰場，CEO 的宏觀能力與執行能力，決定一個企業的最後成敗。

4. 瑪哈里西・瑪赫西・優濟大師（Maharishi Mahesh Yogi）

　　第四個案例，是經由修行瑜伽飛行而為社會和諧帶來貢獻的當代聖者，他是一位物理學博士，也是第一位將古代印度的維德（Veda）智慧引進超覺靜坐（Transcendental Meditation, TM）的瑜伽飛行修行者。他曾在喜馬拉雅山上追隨上師徐理・古如・迭瓦（Shri Guru Dev），修行了十餘年。超覺靜坐不需集中精神，也不需費力，就能讓自己回歸到本我（Self）的狀態，具有宇宙意識，並打開萬有可能性的領域，以滿足所有的心願，進而享受萬有可能性的生命。

　　瑜伽修行的意思即是經由統合（Combination）的靜心訓練再產生幅合（Convergence）的實用效果。也就是說，先把個人的覺知和超覺狀態中的純宇宙本體統合起來，再從超覺意識產生行動的能力，這個行動能力是以活化心智、身體、行為和環境中所有自然律的全部潛能作為能量來源，當然就取之不盡，用之不絕。瑜伽飛行修到最高級的階段時，可在空中實際漂浮或飛行。

　　一個瑜伽飛行員，具有無限的創造力，無限的組織力，並且在無問題和無錯誤的宇宙自然律的正面價值的支持下，直接接觸到這股宇宙巨大的智慧和力量，因而能完成所有的願望，這就是生命的真相。

　　1957 年後的十年間，瑪赫西去過 100 多個國家，向人們解釋純本體（Bing）的真意，告訴世人透過超覺靜坐，每個人都可以接觸到純本體的領域，進而創造出無限的財富，無限的快樂，並且在日常生活當中得到最大的成功和圓滿。

　　瑪赫西說，當瑜伽飛行員一起集體練習時，「每次跳躍都是給整個創造界的一個宇宙的微笑」。事實上，科學家已經發現，這種團體在集體意識中所創造的協調性影響非常大，所以只要百分之一人口的平方根的人數一起練習瑜伽飛行，就可以爲整個社會創造出瑪赫西效應。亦即，透過少數百分比的人口練習超覺靜坐，以發展整個社會的集體生命，發現本現象的科學家，稱這種現象爲瑪赫西效應（Maharishi Effect）。

　　1976 年 1 月 20 日，他宣布成立啓明時代的世界政府，活動的目地在淨化世界意識，是一個非政治，非宗教的全球性組織，全球共有 120 多個國家和 1,200 個啓明時代首都的參與。

　　1983 年 12 月到 1984 年 1 月，約有 7,000 名瑜伽飛行員（大約是世界人口百分之一的平方根），在美國瑪赫西國際大學聚集在一起創造協調性，結果全世界的趨勢都變得更加積極，國際暴力和犯罪降低，世界大事的和諧與和平趨勢也跟著增加。在

接下來的幾年裏，世界不同的角落有愈來愈多的團體應用本技術，使得現代歷史上的和平有了最大的突破，造成冷戰和超級強國間危險敵對的終結。

　　本結參考資料來自《超覺靜坐》Maharishi Mahesh Yogi 著，沈慈雲譯，方智出版社出版。

5. 荷蘭建築師雷姆·庫哈斯（Rem Koolhaas）

　　上海的中央電視台新總部，是由荷蘭大都會建築事務所（Office for Metropolitan Architecture, OMA）的庫哈斯所設計。在央視內部的評審中，第一名是 OMA，第二名是伊東豐雄，第三名是上海華東建築設計研究院，而在世界高層都市建築學會的評比中，則從 60 幾個入圍項目中脫穎而出，評選結果在美國芝加哥揭曉，獲得 2013 年度全球最佳高層建築獎的最高榮譽。美國時代週刊則評選為 2007 年世界十大建築奇蹟之一。央視以前只有 16 個頻道，新樓落成後，能夠運行 250 個頻道，可容納一萬名員工及每天數千名的造訪者，是世界第二大辦公大樓，僅次於美國的五角大廈。主樓是技術

樓，負責電視內容節目的製作，副樓是公共建築，包括文華東方酒店，數碼放映廳，多功能廳，錄影棚和新聞發佈廳，餐廳及劇場等，生活機能俱全。該工程使用的鋼量爲 14 萬噸，是世界用鋼量最大的單體建築，相當於中國第一高樓上海環球金融中心用鋼量的兩倍，是一棟世界上施工難度最大的懸臂鋼骨結構的一條龍鉅作，施工期長達八年，建照造成本 100 億人民幣。樓高 230 米，建地面積 55 萬平方米，電梯可達 37 層，然後通過一個樓梯上到 38 層，地下則爲一層。

這棟大樓的外觀如下：

央視大樓圖一　　　　央視大樓圖二　　　　央視大樓圖三

這個圖像雖然很像女性跨騎之姿，但頗有母儀天下的氣勢，所謂「大哉坤元，與天爲配，含容萬物，無不持載」。

　　另一個建築物也必須一提。人民日報的總部大樓坐落於北京東三環，塔樓的建築高度超過了 150 米，這是人民日報社成立以來最重大的建設項目，耗資 50 億人民幣，2014 年底啓用。就其側面而言，的確很像男人的陽具。但卻氣勢雄偉，美侖美奐，所謂「大哉乾元，生坤爲配，萬物育焉，唯帷金丹」。

人民日報大樓圖一　　人民日報大樓圖二　　人民日報大樓圖三

　　如果將這兩個建築物合起來看，就是本書中所說的「丹」。人民日報大樓代表先天的眞陽。眞陽 50 億，生眞陰 50 億，眞陰眞陽合體，生後天地的央視大樓 100 億（50 億＋50 億），這個巧合與發現，符合本書中所說的天地創生的數理與原理，豈不快哉。

再談到企業的升級與轉型。

所謂升級，是指在原產業內，提升研發技術，引進製程新法，例如機器人的引進，或整合通路來提升利潤，而非僅壓低成本而不創造價值。如果你技術提升了，獲利仍不見改善，則必須轉型。例如，你以前開計程車，後來開遊覽車、聯結車或貨櫃車等等，雖然收入增加了，但因為家庭開銷加大，結果仍是苦撐，這時你必須轉型。

如果企業的研發、製造或行銷遭遇瓶頸而無法突破，則可能最終被淘汰出局，或被併購。或者，應該進行轉型，所謂轉型，是指轉入不同的產業。但獲利必須明顯不同，否則轉型的意義不大。至於要轉入什麼新的行業或新的產業，決定於你所接受的資訊及取捨而定。要知道，過去、現在、未來其實是共時性的，也是同時發生的。現在你所接收的每一個訊息，都與未來無縫接軌，你需要的只是改變並採取行動。如果你行動了，則引發空間（身體）的移動。而時間是流動的空間，所以當你空間（身體）移動時，就造成一個新的時間（未來）之流動。

　　所以現在與未來合流並接軌，你就轉進轉型的軌道上了，並進行新的經濟活動。如果你仍然不變而未採取新的行動及**轉變**，因爲空間是固定的時間，所以你不動的空間（身體），就停留在固定的時間上，無法與新的時間（未來）接軌，原地踏步不動的結果，就嚐到不變及未能提升的經濟苦果。

　　當然，在轉型的過程中懂得利用財務槓桿，以小錢搏大錢，並進一步主導主場優勢，建立遊戲規則，化被動爲主動，並且攻城掠地，拓展事業版圖，則是制勝關鍵。

　　順便一提有關企業轉型的間接路線戰略論。我曾 6 次直接攻堅黃金交易，企圖由電子業轉爲大宗交易仲介。雖然 6 次付款後都未能拿到貨而告失敗，但卻得到另一賣家的信任，選擇我爲他出售黃金後之所得的信託對象，我因而有了成立信託公司的契機，進而成功的打入黃金及石油的仲介交易市場，獲利頗豐，這也證明李德哈特的間接路線戰略論有其實用價值。

　　同時，我也見證了現在，過去與未來都是共時性的理論基礎，而且時間與空間可以互換，就像愛因斯坦的質能互換公式 E＝MC2 一樣。換言之，時間是流動的空間而空間是固定的時間，因此在同一的時間架構裡，現在，過去與未來的事，都是在不同的空間裡同時發生，更是已經在同時發生中的現在進行式，而且永遠不會終止。然而，行動力是唯一的介面，可以將未來的進行式事件在別的空間裡搬到現在的空間裡，讓他繼續進行之。舉例而言，我現在選擇增加金融服務這個轉型營業項目，經過一陣子的運作之後，它就和未來事件接軌，並將好的結果自未來的空間裡轉換為在現在的空間裡顯示其甜美果實因而收獲豐厚。如果不作為，就會被時間的洪流所淘汰。

　　由於自由貿易化的興起及區域經濟體的整合大行其道，例如區域全面經濟夥伴關係（Regional Comprehensive Economic Partnership, RCEP），即由東盟十國發起，邀請中國、日本、南韓、澳大利亞、紐西蘭、印度等共同參加（10＋7...）及跨太平洋夥

伴關係（The Trans-Pacific Partnership, TPP），全稱跨太平洋戰略經濟夥伴關係協議（Trans-Pacific Strategic Economic Partnership Agreement），亦即泛太平洋戰略經濟夥伴關係協定，是由亞太經濟合作會議成員國發起，從 2002 年開始醞釀的一組多邊關係的自由貿易協定，旨在促進亞太區的貿易自由化。跨太平洋夥伴關係協議第一條一款三項（Article 1.1.3）規定：「本組織支持亞太經濟合作會議，促進自由化進程，達成自由開放貿易之目的。」

2005 年 5 月 28 日，汶萊、智利、紐西蘭及新加坡四國協議發起泛太平洋夥伴關係，當時正與其他五國磋商，包含澳洲、馬來西亞、秘魯、美國及越南。

2010 年 11 月 14 日，亞太經濟合作會議高峰會的閉幕當天，與會九國同意美國總統歐巴馬的提案，將於 2011 年 11 月的亞太經濟合作會議高峰會（Asia-Pacific Economic Cooperation, APEC 簡稱亞太經合會）完成並宣布泛太平洋夥伴關係協議綱要。同時，美國積極與東南亞國協各成員國進行協

議，重申泛太平洋夥伴關係將匯集整個太平洋地區的各經濟體，無論是發達國家還是發展中國家，都能成為一個統一的貿易體。泛太平洋夥伴關係 TPP 可能整合亞太的二大經濟區域合作組織，亦即亞太經濟合作會議 APEC 和東南亞國協 RCEP 重疊的主要成員國，成為亞太區域內的小型世界貿易組織。

最新的區域性經濟結盟國家為俄羅斯、白俄羅斯與哈薩克斯坦。這三個國家的 GDP 幾乎佔了獨立國家聯合體 CIS 的七成，更進一步成立類似的區域性中央銀行，統籌金融的調度與相互支援。

職是之故，資金、技術及人才都呈現高度集中的現象，這符合亞當斯密國富論的精隨：資金、技術及人才會向利潤較高的地方自由而且自動匯集。舉例而言，大陸的紡織業大廠已經移動到南、北卡羅萊納州，第一個廠房投資兩億美金，已經完工，陸續將再蓋兩個工廠，因為南、北卡羅萊納州盛產棉花，棉花的單位成本，美國是 US$20.06，中國則是 US$28.00 左右，同時，美國的能源也相對便宜，加上自動化以後，人工需求量減少。因此，

總體而言，在美國生產比在中國生產更為划算。

　　貿易自由化的結果，造成消失中的中產階級及中產階級貧窮化的現象，中產階級向兩極移動，貧者越貧，富者越富的全球化現象於焉產生。因為製造業向低生產成本的地方移動，機器人也日漸普及，因此產生了許多就業困難的失業族群，於是大量的小規模個體戶的庶民經濟興起，同時企業家與國家資本結盟的新興經濟模式—國家企業化之國家資本主義也大行其道，一個「全球統合的時代（an age of world integration）」已經來臨。如果將農漁牧時代、工業時代、資訊時代、知識時代、及現今金融與服務業掛帥的時代，看成是一個經濟發展史的各個演進部分，則一個包含各個部分形成所謂系統性的「聚合型的行銷時代（Convergence Marketing）」已然如火如荼的展開當中，因為製造業也把自己當成服務業，一切以滿足客戶為依歸，如果客戶因自己的服務產品賺大錢，當然具有服務精神的製造本業也跟著賺大錢。加上與客戶結盟作進一步的共生體系的聚合，成為一個系統性發展的新經營模式，必可執市場的牛耳，持續繁榮壯大。

這是經濟與政治聚合的新興經濟模式—國家資本主義的興起所引申出的國家企業化的經濟政治學（Econpolitics）。在政治上，你可以說東羅馬帝國（拜占庭帝國）被鄂圖曼帝國所滅，前者是失敗者，後者成為征服者，但全球經濟已成為一個整體，互相依賴，彼此競爭。國力強大的美國竟然無法有效解決伊斯蘭國（ISIS）的問題，這證明了國際政治權力解構的趨勢，新興經濟政治學所引發的新政體，新企業體，新興的國家資本主義及各種區域結盟的經濟體，將在新的世界舞台扮演一定的角色。

因此，綜觀上述所言，唯一的解決之道，就是升級或轉型，以強化獲利能力，增加所得，因應這樣的變化趨勢。

但是，升級或轉型需要高能量的介入才能成功。如果個人或中小企業因能量不足而無法升級或轉行，那怎麼辦？我敢大膽預言：21 世紀中葉（約 2030）以後，國家企業化的現象會蓬勃發展。所謂的國家企業化，是指國家的資金大量介入私營或國

營的企業，參與全球性的經濟競爭。國家企業化的
獲利，可以溢注社會福利所需，照顧弱勢。

　　因此 30 年或更久一簽的能源合約在國與國之
間會越來越普遍。這也有助於區域經濟的穩定，降
低衝突。同時，各經濟體的內需發展也將帶來雙引
擎的推動效力，亦即，出口加內需的綜效，會讓世
界六大經濟體自給自足並改善貿易逆差。世界六大
經濟體是指：1.美加；2.東協（含日本、大陸、台
灣、韓國、印度、東南亞、澳、紐）；3.歐洲共同體；
4.非洲，及 5.能源經濟體（俄國、美國、中東、奈
及利亞）；6.中南美洲。在西非的經濟共同體
（Economic Community of West African States，簡稱
ECOWAS），含 Ghana, Sierra Leone, Guinea, Nigeria,
Benin, Cameroon, Burkina Faso，等約 17-18 個國
家，中產階級就有二億多人口，而且還在快速的增
加中，消費潛力非常可觀。非洲的中產階級不像已
開發中國家的中產階級越來越少，越來越窮。他們
是越來越多，越來越富。

　　以奈及利亞（Nigeria）而言，2013 年的 GPD

已達 5,100 億美元，超越南非，成為非洲最大的經濟體，同時也是世界上第 26 大經濟體。奈及利亞最大的電子產品超市 ALABA MARKET，距離貝南（Benin）只有 30 分鐘的車程。而根據富比世的 2014年全球 2,000 大企業排行榜，中國的工商銀行，建設銀行及農民銀行的資產總值，分別為 3.12 兆美元，2.45 兆美元，2.41 兆美元。包辦全球企業的前三大。

　　同時，中國、南韓、新加坡、阿拉伯聯合大公國（UAE）是國家企業化的先驅，以後一定會有更多國家跟進。大陸某村落已實施企業化的經營管理，賺了錢，就配汽車洋房給每一個住戶（已實現），香港、澳門及新加坡，賺了錢，就發紅利給每一位居民（已實現）。阿拉伯聯合大公國的杜拜（Dubai）更不得了，稅賦全世界最低，只有 3%，國民讀大學全都免費，目前擁有全球最高的哈里發塔，同時也在擴建機場，機場的載客貨吞吐量將超過現在世界第一的英國倫敦西斯洛（Heathrow）機場。全世界最寬鬆的 VISA 簽證，也在杜拜，你只要訂了旅館，買了機票，就可以在任何國家中有阿

酋航空（Emirates Airline）的櫃台，領取入境簽證。企圖心加上自由化，是國家企業化發展成功的兩大要素。

　　最重要的是，國家企業化可以遊刃於六大經濟體之間，可以帶來雙方長遠的互惠利益，與私有企業偏重短期獲利有本質上的差異。同時，國家企業化也應偏重於能源，礦產，糧食等大宗物資及基礎建設等等的投資，也就是針對私有企業力有未逮的產業，進行投資。一般的電子，消費類產品，會因國家的不同策略而選擇性的介入。尤有甚者，國家企業化可以擺脫 FTA 的束縛，因為這是以國家為經濟主體的交易，一種國與國之間的新興經濟活動型態，也是一種以國家資源互相交易獲利所引申出來的自然發展的經濟模式。進一步說，一種以宇宙意識發展出來的新興經濟，必然改寫人類的文明發展史。以現在的科技而言，已經可以從光線中產生次原子的物質，將來應用在太空及經濟的發展上，必然也是驚人的。

　　當然，人才是國家企業化成敗的關鍵，而國家企業化後的獲利社會化，則是人民幸福指數提升的關鍵。要解決政治與經濟同步發展的難題，這是唯一的解決之道。國家企業化，獲利社會化，將是 21 世紀中葉以後的政經合一顯學，也是真正可大可久的王道。

　　這個王道，必須遵行「大學之道」所說的教戰手冊：「物有本末，事有始終，知所先後，則近道矣。」

　　比如說，你要開徵或擴大稅基以前，應該先把經濟搞好，如果反其道而行，升斗小民的生計只會每況愈下。至於如何搞好經濟，那就是結合民間的精英與政府的資金，擬定出全球化的產業目標與政策，乃至確切可行的企業執行方案，加上嚴明的賞罰與精準的監督機制，人才招募國際化，資金募集靈活化，方能克竟其功。開始時，可以小規模地進行實證，再逐次擴大規模與範圍。這個可能的預期結果，我稱之為經濟上的「瑪赫西效應」（Maharishi Effect）。

　　以韓國爲例，前三大企業集團 Samsung, LG 及 Huyndai 就是以政府的資金結合民間的精英人才而運作，中國大陸在非洲所做的礦業、農業、能源及水壩等基礎建設的投資以及在日本、歐洲及美國所做的企業併購，都是國家企業化的實證。中國大陸在行動通訊，例如華爲及 LCD 面板，例如京東方，以及近期計畫對半導體的大量投資 1,200 億人民幣（約 5,900 億新台幣，足可蓋 4 座 28 奈米製程晶圓廠），並在 2014 年 8 月中，對蘋果 iPhone 供應商 OmniVision 發出公開收購要約，以整合上下游產業鏈。其實，中國早在 10 年前就是全球 IC 消費的最大國。2012 年，中國進口了 2,322 億美元的 IC，這比購買石油的外匯還高。根據市調機構 IC Insights 的預估，到了 2017 年中國半導體市場將有 7、8 成左右，仍需依賴進口，仰人鼻息。因此，以國家爲發展主體的企業化經營模式（國家企業化）及其所主導的國家半導體產業政策，已成爲迫在眉睫的經濟戰略綱要及行動準則。

　　我們可以很清楚得觀察到，中國大陸目前已經超越日本，成為世界第二大經濟體，在未來的短短15 年內，就會超越美國，成為世界第一大經濟體，不但是世界工廠，更是消費王國。比如汽車的銷售量，目前已經超越美國，成為世界最大的市場。甚至連頁岩油／氣與稀有金屬的儲存量，都是世界第一。加上低油價時代的來臨，一胎化的解禁及鄉村都市化的結果，必然帶來第二次的農業及土地變革，加上以內需需求成為經濟成長的主要動力的帶動下，這個農業／土地變革及內需需求的雙引擎必然會在未來的 20 年內大放異彩，成為中國領導未來世界的百年霸業的基礎。尤有甚者，大陸近年對禁奢侈打貪腐的積極作為，更是令人讚佩。這種政經合一，建立官箴的集體領導的獨特模式，已經成為人類文明發展史上的創舉與經典，我稱之為「經濟政治學」（Econpolitics）的典範。

　　由中國大陸主導的「亞洲基礎設施投資銀行」（亞投行），在印尼於 2014 年 11 月 25 日簽署備忘錄後，亞投行的意向創始會員國已增至 22 國：大陸、孟加拉、汶萊、柬埔寨、印度、印尼、哈薩克、

科威特、寮國、馬來西亞、外蒙古、緬甸、尼泊爾、
阿曼、巴基斯坦、菲律賓、卡達、新加坡、斯里蘭
卡、泰國、烏茲別克、越南。以中國為首的亞投行
總計意向創始會員國為 57 國，預定 2015 年底前投
入運作，這是一個國家資本主義在金融方面集體運
作的典範，與日本為首的亞洲開發銀行共計 67 個
會員國形成競合關係。

　　同時，大陸也成立絲路基金，為「一帶一路（絲
綢之路經濟帶及 21 世紀海上絲綢之路）的經濟戰
略提供金援，使大陸、中亞、歐洲之間的能源，交
通，通訊及雲端數據產業（電子商務）能進一步聯
結。這是私人企業阿里巴巴集團與地方政府及中央
政府共同運作的另一案例。

　　目前聯合國自動清算的互聯網（ACH
(AUTOMATED CLEARRING HOUSE) NETWORK）
每日的支付金流流量都在兩兆美元之上。以「經濟
政治學」（Econpolitics）作為新興的經濟發展模
式，必然會遠大於這個數字。

　　「經濟政治學」（Econpolitics）的另一大特色是就是高利率，避免假性資金需求浮濫或流入土地及房地產的炒作甚或股票放空的套利行為。舉凡零利率或低利率的國家，都是成熟市場，幾乎都陷入通貨緊縮的困境。1999 年 02 月，日本央行將短期指標利率降到史上最低的 0.15%，當時的日本央行總裁速水優說：「利率就算變成零也可以！」宣告日本正式走進了零利率時代，也造成迄今 2015 年日本失落的 16 年通縮時代。美國聯準會 FED 的貨幣寬鬆政策 QE（Quantitative Easing）及零利率自 2009 年 3 月開始實施，迄今 2015 年將近 6 年的時間，並未刺激美國經濟的復甦，歐元區的 0.05%利率水準反而加劇現在歐洲經濟通貨緊縮的現象。儘管目前石油、天然氣、煤礦、鐵礦、玉米、小麥及黃豆等大宗物資都有 50%-70%的降幅。

　　反觀新興國家的利率都是走高的趨勢，反而帶來經濟成長。俄羅斯為 17%，透過對亞洲的經濟結盟，可突破歐美的經濟制裁，未來將持續成長；越南的利率將達 14-15%，奈及利亞為 12%，巴西為 11.75%，土耳其為 8.25%，印度為 8%，印尼為

7.75%，中國則為 5.6%。馬來西亞因生產石油而且人力及天然資源豐沛，利率調升至 2.25%，是個異數。高利率所帶來的經濟成長率則反映了實質資金的需求面，由於資金是真正進入了新興市場中產業的發展，因而帶動 GDP 及薪資的成長。

「經濟政治學」（Econpolitics）的八大輪廓因此漸次成型如下：

1. 個體經濟與國家經濟結合，形成以國家為主體的新興經濟發展模式。熊彼得的創造性破壞模式（Creative Destruction）已被協同營運（Joint Management）模式所超越。例如，近日英國率先加入了「亞洲基礎設施投資銀行」的行列，德國、法國、意大利及澳洲等也隨之跟進，而由美國所主導的國際貨幣基金（IMF）與世界銀行（World Bank）則表達了與之合作的意願；法國則與中國聯合開發非洲。
2. 國家主體獲利後的利益重分配可彌補稅率

不公，稅改困難的缺失，讓弱勢團體有基本生存權的保障。

3. 國與國的自由貿易協定 FTA 影響力將被區域經濟的整合所取代。人流、物流及金流的自由度成為競爭的動能及焦點。

4. 全民成為國家主體經營模式的股東，全民的利益就是「天命」（Mandate of Heaven），正式告別流血政變的夢魘。

5. 經濟戰取代軍事戰，雖然區域軍事衝突仍難避免。搞核武的國家將因經濟制裁與封鎖而無法立足國際社會，最終會被迫放棄核武。

6. 內閣制與總統制的權力制衡機制與集體領導的政經平衡機制成為三足鼎立的局面。

7. 新興經濟型的移民潮方興未艾，帶來人口增加，生產力提升的效果，多元化的移民現象日漸普遍。

8. 強化深海及太空競賽與海底及星際資源取得的實力與重要性，特別是對火星與月球的積極開發。

其實「奉行經濟政治學」（Econpolitics）非常成功的前例為羅特希爾德家族（Rothschild，德文為「紅盾」之意）。創始人為梅耶‧阿姆謝爾‧鮑爾（Mayer Amschel Bauer 1744-1812），出生於德國法蘭克福猶太貧民窟，1760 年創立羅特希爾德商會後將姓氏改為 Rothschild。

18 世紀 1818 年時，歐洲有六大勢力，法、英、普魯士、奧地利、俄國及霸菱銀行（Baring Brothers and Company）。霸菱為荷德國人彼得‧霸菱（Peter Baring）所創，擁有 233 年的歷史，1995 年時在新加坡及大阪因操作衍生性商品（Credit Diversities）中的日本股票及公債為標的的期貨（Futures）和選擇權（Options）不當，其損失遠大於資產而倒閉。

羅特希爾德家族則橫跨 19，20 兩世紀成為歐洲六大勢力中的「第六帝國」，控制全球經濟命脈近兩個世紀，至今影響力仍很深遠。關鍵在於他們建立了良好及靈活而鞏固的政商關係進而控制世界主要經濟體國債的發行權，每天黃金交易的開盤

價也由他們制定。舉例而言：

1. 1796 年成爲黑森王國王室的古董，古幣供應商。
2. 1810 年羅氏銀行成爲英國最大的銀行，同年投資黃金貨幣。
3. 1815 年以金融史上最早的「對沖」手段，逢低吃進所有英國公債。三子納坦有句名言：「誰控制著大英帝國的貨幣，誰就控制了大英帝國，而這個人就是我」。納坦是五個兄弟中最具有敏銳的直覺與判斷力，總是能夠做出正確的選擇。
4. 1818 年大量買進法國公債，拉抬價格後，再進行拋售，藉以打擊霸菱銀行。
5. 1825 年建立史上第一個橫跨法國、德國、奧地利、義大利及英國的國際銀行。
6. 1850 年家族資產已突破 60 億美元，掌握了歐洲各工業國的「貨幣發行權」。
7. 1851 年與德國俾斯麥建立友好關係。
8. 1853 年羅氏家族成爲普魯士政府的官方銀行家，梅耶卡爾並被授與紅鷹勳章。

9. 1864 年因協助俾斯麥籌備戰爭資金而取得普魯士薩爾地區大量煤礦的開採權。

10. 1875 年列昂內耳借款 400 萬英鎊給英國政府，協助英國掌控蘇伊士運河，不但成為英雄，也向英國政務核心靠攏。

11. 1886 年法國羅氏銀行（De Rothschild Freres）獲得大量的俄國油田，成為世界第二大石油生產商。

12. 1893 年羅氏銀行包攬了埃及最大的四宗國債發行。

13. 1895 年清庭向羅氏銀行借貸，羅氏家族觸角正式伸入中國。

14. 1919 年第一個黃金定盤價於倫敦新廠場（New Court）誕生。

15. 2008 年法國羅氏銀行收購中國中海基金 15%股權。

16. 2010 年中國吉利汽車成功收購瑞典富豪汽車（Volvo），羅氏家族為幕後的操作顧問。

簡言之，羅氏家族一直與政要或權貴維持良好

關係，他們為政府提供資金，或成為政府的智囊團，藉著政要人脈資源，取得政府建設項目，進行利潤豐厚的互惠交易，這是他們成為經濟政治學 Econpolitics 成功典範的關鍵因素。

第七章　後記

祈禱文英文版摘錄

勵志文英文版摘錄

杜魯門總統的謙遜表率

過富裕的生活

　　為了幫助讀者或修道者在修道的過程中，可能會遭遇若干困難，也許是財務方面的，也許是情感方面的，也許是健康方面的，也許是開智慧方面的，或其他任何方面的，特附上籤詩六十首，供諸位參考解惑之用。籤詩內容需抽籤者自悟，如果真的無法悟出答案，可發 email 到georgelu266@gmail.com 玄玄上人收，歡迎共同切磋。

　　抽籤的方法很簡單，只要心誠專注，得一個正杯即可，任何廟宇皆可。許多年前，我在參訪各廟

宇時，遇到一位精通針灸的大德，在基隆，他贈我一首偈語如下，時間是民國 89 年 4 月 22 日。彷彿他已經預知我在將來要完成這本書而埋下此一伏筆。

盧	舍	靜	參	悟	眞	身
達	到	彼	岸	渡	痴	人
人	爲	應	當	思	天	意
返	歸	寂	然	成	妙	仁

順便一提，讀者可能發現爲何圖形的編號沒有照順序來放置呢？因爲我先照圖形的演變順序而完成了圖形的建構，然後才將文字說明加入，根據文字需要的地方放上相應的圖形，以便了解與閱讀。

本書是筆者經過三十餘載的反思與潛修，以一年的時間著手寫作，歷經多次的修訂後，終於在 2015 年 3 月 8 日完稿。福至心靈，以「谷丹經」三個字求得諸葛神算的 743 籤詩，贊曰：

人　修　苦　念　天
塵　紅　落　不　終
　山　三　心　清
　鍊　百　錘　千

由這首籤詩的示現，證明了天人交感的真實不虛，特此謹記，共勉之。

備註：三山是指江西的龍虎山，閤皂山及江蘇的茅山。漢代正一道創始人張陵曾在龍虎山修煉。傳說「丹成龍虎現」，山因而得名。張陵的第四代孫張盛在三國時也到龍虎山定居，世代相傳，以張天師聞名於世，稱為天師道。元代張天師被封為正一教主，主領三山。張陵晚年時顯道於青城山，並在青城山羽化登仙，從而全國歷代天師都前往青城山朝拜祖庭。

茅山是道教上清派的發祥地，道教稱之為「第八洞天，第一福地」。西漢景帝時，由毛盈，茅固，茅衷三毛真君在該山結庵修道而得名。南朝齊梁間的著名道士及煉丹家陶弘景及其弟子亦隱居茅山，編有「真誥」。

　　閣皂山是道教靈寶派的祖山，以山形如閣，山色如皂而得名，爲第三十六福地。靈寶派祖師葛玄在遊歷諸名山後，落腳於閣皂山東峰的臥雲庵，最後煉丹而成道，以上三山資料來自於維基百科（wikipedia）。

　　本書的結尾，特別提出另外兩個簡單易懂的法門，人人都可修證。

　　其一，只要信仰上帝（天主教的耶和華、基督教的耶穌或回教的阿拉）並誠心祈禱，持之以恆，然後等待奇蹟的發生即可。因爲上帝會爲你作工（見英文版的祈禱文摘錄插圖說明）。就像佛教的淨土宗一樣，只要無所求地虔心專意唸阿彌陀佛的佛號一樣，就會有不可思議的效果，問題自然迎刃而解。

　　根據日本八百伴百貨公司的總裁和田一夫的見證，僅默禱，就能構築巨富，從零出發而獲得無限財富。他的八百伴於 1950 年 4 月因一場大火而

化為灰燼，但在火燒的當中，他卻看到另一個新生而且更大的百貨公司誕生。兩年後，1952 年的新八百伴是老店的七倍大，生意比以往更順暢，顧客增加了不少。他在日本、美國、香港、新加坡等地展開超級市場連鎖事業，其營業額曾達日本企業的首位。

因為信念乃能量的泉源，只要具有強烈的意念，必可心想事成，實現一切目標。同時，他很推崇「無我大望」這句格言，一旦進入無我境界，就會產生雄心壯志。「無欲則大欲」，「無欲」自然就會產生胸懷大欲，所謂的「無欲則剛」，正是此意。由於心歸神靈，所以八百伴向神靈之子——全世界人類作出貢獻。他認為，財富是因為人類奉獻愛與智慧所獲得的代價。

其二，就是選擇安德魯‧哈維（Andrew Harvey）的「自悟之路」。他說：「你越謙卑，神聖的轉化力量就越能加諸於你身上。你越謙卑地願意做任何被要求的事，不求肯定或回報，就有越多是能透過你及由你所成就」。

　　提到謙卑或謙遜，就必須提到美國杜魯門總統
（Harry　S.　Truman　1884-1972）。他是共濟會
（Freemasonry）的成員，共濟會的理論繼承了猶太
密教卡巴拉的神祕主義（occultism / mysticism），強
調人類與神或某種超自然力量結合為一，行事要像
幾何學（Geometry）一樣的精準，合於方圓，所以
象徵共濟會徽章的就是 G 與圓規和方尺三者的結
合。卡巴拉希伯來語的意思就是「接受／傳承」。
杜魯門副總統就是「接受」因病逝世的富蘭克林·
D·羅斯福總統，成為美國第 33 任總統
（1945-1953），並且於 1948 年成功連任總統，也符
合了「傳承」的涵意。由於羅斯福總統也是共濟會
成員，因此杜魯門總統的就任，具備了新舊傳承的
雙重密意。

　　杜魯門是位素以友善和謙遜聞名的總統。他的
女兒瑪格麗特·杜魯門（Margaret Truman）在《杜
魯門》傳這本書提到，居家時，他很少提高嗓門說
話或講些尖酸不敬的語彙，避免爭吵，因為他的太
太與女兒都喜歡爭論。在白宮辦公時，他憎恨使用

桌上電話的蜂鳴器蠻橫地召喚某人。十次有九次，他比較喜歡走到助理的辦公室，如果他召喚他的助理，會走到橢圓辦公桌的門口親自迎接他。杜魯門副總統處事都會為他人著想，把自大（egotism）的傲慢色彩降到最少。謙遜對他而言，就是從不大吹法螺，從不公開宣揚他的的言語或事功，最重要的，從不誇言他比別人更好、更聰明、更堅韌。但他對謙遜的實踐從不意味他會降低他心目中的價值及成就。他有兩句膾炙人口的名言，足以證明這一點。其一，「推卸責任止於此」（The buck stops here!）其二，「怕熱就別進廚房」（If you can't stand the heat, get out of the kitchen.）和其他領袖相比，杜魯門總統的領導風格相當親和與低調。例如，巴頓將軍脾氣火爆而且口不擇言，但功勳彪炳；而喜歡張揚的凱撒（Gaius Julius Caesar 100-44 B. C.），即使在最前線也要穿著顏色醒目耀眼的統帥披風。在征服高盧（Gaule，現今法國、比利時、義大利北部一帶）後，又在小亞細亞（Anatolia）的澤拉城大敗龐培（Gnaeus Pompeius Magnus 106-48 B. C.）的盟邦，博斯普魯斯王（The King of

Bosporus，屬於本都王國）法爾那契斯（Pharnaces）。
勝利之後，他給元老院寫一封信，裡面只有三個
字，"VENI VIDI VICI"（我來、我見、我征服 I
came, I saw, I conquered）。之後，凱撒回到羅馬，
進行長達十天的凱旋式慶功宴。後來被卡斯卡、提
留斯・辛布爾及馬可斯・布魯圖斯（Marcus Junius
Brutus Caepio 85-42 B. C.）等人刺殺，身中 23 刀而
亡。

　　麥農・路希為管理訓練系統（Management
Training Systems）公司的創始者與總裁，他也是製
造太陽能的陽光產業公司的合夥人之一，他進一步
主張，事業成功的真正關鍵，在於讓神成為我們的
企業主，因為神知道經營一個事業所憂慮的事及所
需要的是什麼，神也將供給我們所需的一切。

　　換言之，就是把我執放下或退居第二線，不主
動要求做任何事，卻接受神靈指派的任何事。如何
判定是正派的神靈來降靈指示？很簡單，只要那是
奉獻並服務他人而非圖利自己的私欲，就對了。這

無私奉獻經由天庭自動回報體系所產生的福報是
超乎想像的，也是無可計量的，更是超越時空並擴
及你的累世，現世或來世，甚至你的親族。

　　最後，如果你沒有宗教信仰，那麼，就努力的
打拼，永不放棄你的目標，直到你潛意識的天分或
才華被迸發出來爲止，自然所求就能水到渠成。（見
英文版的勵志文摘錄插圖說明）

　　至於有沒有通用的努力模式能夠讓你富裕的
生活著？

　　在這本書"LIVE RICH"（作者爲 Stephen M.
Pollan and Mark Levine）中，提出了若干原則，可
以供適合自己的人作參考：

　　要像傭兵一樣，薪水那裡高就往那裡跑，不要
　　靠年資而加薪。
　　如果你的理念與老闆不合，那就離職，另謀他
　　途或創業。

　　不管你爲誰工作，你永遠是你自己的老闆，具有行動的自由。

　　但作者也提醒，富裕哲學就像人的指紋一樣，沒有兩個人會是一模一樣的。只要你的夢想有多大，你就能飛的有多高。只要打破心理上的枷鎖，你的靈魂就能擺脫心思的限制而創造財富並過富裕的生活。

　　羅伯特 H・舒勒（Robert H. Schuller, 1926-）是一位美國的新教牧師。他的信徒有數千萬人，是 21 世紀美國精神的領導者。

　　他在 1955 年受聘到加州籌建教堂。教會除了用 4,000 美元買了兩英畝的地作爲建教堂之用外，又給了他 500 美元，那是他僅有的一切。

　　經過二十年的努力，他募集了美金 2,000 萬，建造成一座價值 3,000 萬美元的水晶大教堂。他去拜訪建築師李查德・諾伊特拉（Richard Joseph Neutra 1982-1970）時告訴他：「不要再說世界上最

棒的建築物是雅典的帕德嫩神殿，世界上最棒的建築物到現在尚未出現。諾伊特拉先生，我希望你能在歷史上留下不朽的腳印。」水晶大教堂就是他的傑作。

舒勒引述一個傑出思想家的話如下：「世界上沒有偉大的人，只有偉大的思想」。他進一步闡述「我們可以從一個人的夢想…來測知這個人的偉大程度。如果能有一個偉大構想，那麼也就能夠擁有金錢和幫助你的人」。他更讚賞未成功以前就發表自己成功的人，因爲「當你在心中描繪自己是個勝利者時，你身體中的細胞就會產生出驚人的熱情，並且製造出能夠使你邁向成功的強大能量」。同時，他特別強調「不管任何成功，都會經過一個除了等待以外，甚麼也不能做的階段。」

著作等身的美國社會理論學家 Dr. Donald H. Weiss（1936-）也主張「身份不僅具有特權，也包含了身價」（Status not only has its perks; it also has its price）。而由心理預期下所產生的未來式成功身

份，以偉大的構想表徵其狀態時，就能夠將未來的成功導入現在的成功，並吸引贊助者出資做為未來與現在的完美連結。

佛陀在苦修及參訪所有的大師後，仍未開悟，決心在菩提樹下禁水禁食，停止任何追求，任由生命自我結束。經過七天七夜靜坐不動後豁然開悟。他出生（4月8日），出家（2月8日），悟道（12月8日），及圓寂（5月8日）都是在同一天「八」號。

奧修在他的自傳中提到，他為了開悟，已經掙扎好幾世。在許多世的時間裡，開悟是他唯一的目標，但也一再的失敗。就在1953年的3月21日的前七天，他已經盡到人類努力的極限，無助感也達到極點，他再也無法做甚麼了。就在他停止一切的探索，不再追尋甚麼，也不再盼望甚麼時，「它（開悟）就開始發生了」。而開悟，就是回到人的最初狀態，本性俱足一切。

　　本性俱足一切的西方代表人物，首推文藝復興
時期的李奧納多‧達文西（Leonardo da Vinci,
1452-1519）。他被東尼‧布贊（Tony Buzan）及雷
門‧金（Raymond Keene）在《天才之書》（Book of
Genius, 1994 年出版）中被列爲人類史上十大天才
排行榜的首位：

1. 達文西。
2. 沙士比亞。
3. 建造金字塔的人。
4. 哥德。
5. 米開朗基羅。
6. 牛頓。
7. 傑佛遜。
8. 亞歷山大大帝。
9. 菲迪亞斯（雅典城的建築師及雅典娜女神神
　 像的雕刻師）。
10. 愛因斯坦。

　　他在文學、繪畫、雕刻、音樂、科學及數學各
方面都有相當傑出的表現，除了是畫家，他還是雕

刻家、建築師、音樂家、數學家、工程師、發明家、解剖學家、地質學家、製圖師，植物學家、物理學家和作家。

他的發明／設計有：飛行器、直昇機、降落傘的草圖、伸縮梯（今日消防隊員仍在使用）、三段變速桿、螺絲切線機、腳踏車、可調式活動扳鉗、潛水用呼吸管、水壓起重機、世界首創的旋轉舞台、運河系統的水門、水平式水車、折疊傢俱、橄欖榨油機、自動彈奏樂器、水力鬧鐘、治療用搖椅、清潔溝渠的起重機、自動織布機等等。

軍事工程方面的草圖，包括裝甲坦克、機關槍、迫擊炮、導引飛彈和潛水艇，這些設計直到 400 年後才派上用場。

他開拓了現代比較解剖學，成爲第一個素描身體橫剖面器官的人，也是率先做出頭腦和心室模型及對子宮裡的嬰兒做出史無前例的科學研究的人。

　　在植物學方面，他描述了向地性（地球對於某些植物的引力）及向日性（植物朝向太陽的吸引力），樹木年齡與橫剖面年輪的關係，並率先提出植物中樹葉排序的系統。

　　在地質學方面，他對化石作用有重大的發現，也是記錄土壤侵蝕現象的第一人。他曾寫道：「河川啃蝕山脈，填滿河谷。」

　　在物理學方面，開現代流體靜力學，光學和機械學的先驅。

　　他強調「太陽並不移動」，「地球並不是太陽軌道的中心，也不是宇宙的中心」，這比哥白尼的學說早了四十年。在牛頓前兩百年，地心引力論尚未發表前，他就曾寫下：「所有重量都會以最短的方式朝中心落下」，又說「每個沉重的物體都會往下壓迫，無法一直被往上舉，因此整個地球必定是球體。」

　　所謂本性俱足一切，除了多才多藝以外，就單一作品而言，也能博得各個名家不同內涵的高度評價。例如「蒙那麗莎的微笑」這幅油畫，有如下的評論。

　　　克拉克：「蒙娜麗沙是達文西表現弔詭的極致。她那一抹微笑中所蘊含的神秘，歷年來不知使多少人洋洋灑灑發抒感受」。

　　　布藍利：「蒙娜麗莎爲與基督等量齊觀的女性」。

　　　佩特（Walter Pater，曾寫下經典著作《文藝復興》）：「蒙娜麗莎由內而外發散美麗，一個細胞一個細胞沉澱出奇思怪想和熱情」。
心理學家佛洛伊德：「完美再現了主宰女人愛情生活的對比」。

　　　麥可・葛伯（Michael Gelb）：「蒙娜麗沙的微笑，恰恰介於善與惡，同情與殘酷，誘惑與無邪，稍縱即逝與永恆等等對比之間。她是西方世界中相當於中國太極符號的象徵」。

貢布里希（Sir E.H. Gombrich 1909-2001，《藝術的故事》的作者）則進一部闡述為何這個弔詭本質的極致表現能夠被包容在裡面：「模糊的輪廓與柔和的顏色……使一個形體融入另一個形體，總是留了一些讓我們想像玩味……凡是嘗試過素描或速寫一張臉的人都知道，所謂的臉部表情，主要憑藉兩個特徵：嘴角與眼角。而就是這兩個部分達文西刻意不加以細描，卻讓它們融進一片柔和的陰影。這就是為甚麼我們一直不知道，蒙那麗沙到底以甚麼樣的心情凝視著我們」。

我曾在本書中提過兩次，眼睛是意識體的竅門（性器官）而嘴巴是靈體的竅門（性器官），當眼睛與嘴巴被付予肉體（繪畫的手）以畫筆觸及時，肉體的意識就透過筆觸活化了此畫作，當肉體、靈體與意識體透過紫丹桂光所連結時，這幅畫就會產生活靈活現的生命力，歷久彌新。達文西的曠世巨作「蒙娜麗莎」及其各項輝煌成就，詮釋了「本性俱足一切」的形而上意義。

另一個「本性俱足一切」的案例為創造金融期

貨市場（Financial Futures Market）的米拉梅德（Leo
Melamed, 1932- ）。他是學法律的，白天上法學院的
課，晚上開計程車，曾經破產過三次。他從未銀行
做過一天事，1969 年因爲設計出一套新的活牛合約
交割方式而聲名大噪，1972 年才 37 歲就當上芝加
哥商品交易所（Chicago Mercantile Exchanges）的
董事長，不久即完成貨幣期貨合約，1972 年成立國
際貨幣市場（International Monetary Market,
IMM），是世第一家金融期貨交易的機構。1976 年
又推出利率期貨（Interest-rate Futures），以 90 天到
期國庫券爲標的。

　　他的許多才能都是自學而得。他曾是橋牌冠
軍，喜歡讀詩選，也事業餘戲劇表演、是律師、也
是作家，他甚至寫了一本名爲《第十球》（The Tenth
Planet）的科幻小說。他的自傳《奔向期貨》（Escape
to Futures）被翻譯成中文、日文、韓文及俄文，他
在自傳中引述朋友對他的評論：「他自認是個傳奇
人物」。他的另一本書（For Crying Out Loud）則被
翻成中文與日文。目前爲 CME Group（芝加哥商品
交易所的前身）的名譽退休董事長。

第八章
附錄　籤詩六十首

克里希那神廟
籤　王

Radha-Krishna
Hare Krishna, Hare Krishna, Krishna Krishna,

Hare Hare. Hare Rama, Hare Rama, Rama Rama,
Hare Hare.　　　　　Vaibrava-Prakasa 16108

始信萬有無中生	福至心靈百事亨	信手拈來似有神	花開富貴喜臨門

克里希那神廟

Radha-Krishna

第 一 首

| 眉開眼笑鑼鼓喧 | 忽聞喜鵲唧枝頭 | 孤燈寂寂五更天 | 秋風夜雨枕難眠 |

克里希那神廟

Radha-Krishna

第　二　首

陳年甕酒撲鼻香

德韶功高水澤長

十五月圓照滿天

千杯不醉青衣觴

克里希那神廟

Radha-Krishna

第 三 首

玉藏深山終得償	媲美姜尚輔文王	鎮國寶鼎威名赫	朱衣紫冠珮絡香

克里希那神廟
Radha-Krishna
第 四 首

香火鼎盛濟赤貧

琉璃雕鳳金蟾座

今始逢君躍龍門

劉海禪師未曾聞

克里希那神廟

Radha-Krishna

第 五 首

金剛如來妙丹功	性命雙修最緊要	摩尼寶珠一理同	道在火宅自家中

克里希那神廟

Radha-Krishna

第 六 首

暮鼓晨鐘喚沉迷

喜心革面氣象新

前塵往事盡消磨

護法證道歸三清

克里希那神廟			
Radha-Krishna			
第　七　首			
欣欣向榮大業路	明師指引待來春	煮砂成飯豈正途	窮經皓首難開悟

克里希那神廟			
Radha-Krishna			
第 八 首			
大道金丹囊中物	升降機宜誰得知	坎水元陽未暖爐	離火真陰急欲出

克里希那神廟			
Radha-Krishna			
第　九　首			
谷丹經裏悟道深	五十寒暑春江暖	白光遍照大日恩	自修自證如來門

克里希那神廟

Radha-Krishna

第　十　首

中脈五輪明點開

否極漏盡泰卦來

許汝十年帆風順

三江四海貨滿載

克里希那神廟			
Radha-Krishna			
第 十一 首			
講經說法最殊勝	萬中選一演太平	天龍八部來護駕	道藏精華谷丹經

克里希那神廟			
Radha-Krishna			
第 十二 首			
二八星宿籤王添	耀古鑠金丙戌年	三才向量君領銜	儒聖釋佛道登仙

克里希那神廟			
Radha-Krishna			
第 十三 首			
默求帝君萬事宜	證我孚佑顯靈機	五氣朝元駕仙宮	三花聚頂金丹成

克里希那神廟			
Radha-Krishna			
第 十四 首			
形神俱妙一字訣	而今寶典已出篋	易垂千古溯仙家	半部論語治天下

克里希那神廟			
Radha-Krishna			
第 十五 首			
火中蓮花頂上修	制心一處鐵杵針	命裏無時造命求	命裏有時終需有

克里希那神廟			
Radha-Krishna			
第 十六 首			
他日富甲衣錦歸	目下雖逢劫煞局	法性圓滿未曾缺	一切障礙究竟覺

克里希那神廟

Radha-Krishna

第 十七 首

細數金釵十二巡	左右護法勤追尋	十地洞天輕騎過	聞香下馬酒醉薰

克里希那神廟			
Radha-Krishna			
第 十八 首			
丹道天機證無極	比翼雙飛登山易	梅花鹿苑好修行	終極道場遇知音

克里希那神廟			
Radha-Krishna			
第 十九 首			
十輪金剛傳正法	有求必應我先知	誠心祈求君所願	七日來復無差池

克里希那神廟			
Radha-Krishna			
第 二 十 首			
出世入世如心齋	修得金剛不壞體	揚名立萬一念來	九重雲山門戶開

克里希那神廟			
Radha-Krishna			
第二十一首			
廣結善緣鴻運開	三曹普渡立宏願	地府天庭通自宅	八面玲瓏金令牌

克里希那神廟			
Radha-Krishna			
第二十二首			
同心協力石變金	子孝孫賢代代傳	相敬如賓親上親	七世夫妻報君恩

克里希那神廟

Radha-Krishna

第二十三首

六祖壇經傳千古	同出法源大丈夫	了知天命著手行	向量靈籤夜明珠

克里希那神廟			
Radha-Krishna			
第二十四首			
回陽換骨張三丰	海蟾南派重丹法	龍門長春開北宗	純陽呂祖傳道統

克里希那神廟			
Radha-Krishna			
第二十五首			
抱元守一逆字成	三才定位法自然	坎離相交人道生	天龍頻降戰地虎

克里希那神廟			
Radha-Krishna			
第二十六首			
三教一理參同契	金剛圓覺涅盤境	返樸歸真一片寂	神人交感洩天機

克里希那神廟			
Radha-Krishna			
第二十七首			
第四道上親證如	回歸自性演現況	一統萬宗賽文殊	神密學家葛吉夫

克里希那神廟			
Radha-Krishna			
第二十八首			
滿庭香園登仙界	雙嬌同報前世恩	玲妹科技稱女傑	小玉為姐鎮礦業

克里希那神廟			
Radha-Krishna			
第二十九首			
傳我笛音澤萬姝	大宗財富應許汝	妙道顯出拉碼名	克里希那稱宗師

克里希那神廟
Radha-Krishna
第 三 十 首

中西一統耀超靈	舉世無雙谷丹經	博伽瓦譚仔細尋	無憂星宿演玉音

克里希那神廟

Radha-Krishna

第三十一首

求神問卜終枉然	財運滯礙窘迫珊	誰知暗裡藏光明	許君酉戌渡難關

克里希那神廟

Radha-Krishna

第三十二首

回首來時路

獨孤逆航途

於今將勝出

豈容失志誤

克里希那神廟

Radha-Krishna

第三十三首

逆境猶如登山巖	位階能量儲頂巔	順境恰如行峽谷	戒慎恐懼勿閃失

克里希那神廟			
Radha-Krishna			
第三十四首			
寬以待人好修為	化忍為上慈悲心	氣理雖正莫情絕	冤家宜解不宜結

克里希那神廟

Radha-Krishna

第三十五首

五星連珠貫日月

大漢威武耀古今

君命富貴稱奇數

它日凱歌奏天闕

克里希那神廟			
Radha-Krishna			
第三十六首			
賴汝宏開稱首席	無為無極無無極	豐功偉業夢啟迪	七日來復證玄機

克里希那神廟

Radha-Krishna

第三十七首

我曾許汝通天靈

閉關七載勤修行

念即非念妙清靜

煉就開山谷丹經

克里希那神廟			
Radha-Krishna			
第三十八首			
萬夫莫敵雷霆虎	具足能量方動手	豐臣秀吉一應呼	蒙哥馬利戰沙狐

克里希那神廟			
Radha-Krishna			
第三十九首			
電光石火大業興	驃騎將軍來轉世	雨過天空萬里晴	三日之內傳佳音

克里希那神廟

Radha-Krishna

第 四 十 首

幡然悔悟須自救	散盡家產前世劫	寒來暑往幾度秋	紅顏情關春夢囚

克里希那神廟			
Radha-Krishna			
第四十一首			
參禪頓悟破萬難	轉機妙藏危機裡	大海茫茫漂孤帆	窮途末路薄西山

克里希那神廟			
Radha-Krishna			
第四十二首			
瞬間相應最神奇	玄玄上人來提攜	捷報直達玄天境	喜訊卯日來相應

克里希那神廟

Radha-Krishna

第四十三首

閑來坐彈無弦曲

幡然明通造化機

千古知音難尋覓

傲卿只待君來馴

克里希那神廟			
Radha-Krishna			
第四十四首			
時空因果現眼簾	宇宙萬物同源出	山川海河地連天	即一即異變萬千

克里希那神廟			
Radha-Krishna			
第四十五首			
正宗寶筏漏盡通	倒掛金鈎最奧妙	氣象一新洗髓功	庭前柳綠牡丹紅

克里希那神廟			
Radha-Krishna			
第四十六首			
石油錠　牡丹亭　春風拂柳池波興	聽松濤　勤追夢　攀頂千峰雲海臨	大將軍　巡萬里　飛騎紅袍小玉珮	佩小玉　小玉配　誰與爭鋒我最配

克里希那神廟			
Radha-Krishna			
第四十七首			
萬籟俱寂星月空	儒釋道家一理同	恰如回真不著跡	千古寶典可蘭經

克里希那神廟
Radha-Krishna
第四十八首

氣吞環宇最神奇	誰能呼風並喚雨	上帝人心演聖意	克里希那轉穆提

克里希那神廟			
Radha-Krishna			
第四十九首			
性命雙修如來境	玄中有玄是我命	前無古人後無繼	奧修精研超意識

克里希那神廟

Radha-Krishna

第 五十 首

喜樂登峰恆妙齡	繾綣有情萬千種	笛聲悠揚妙對吟	無憂星宿演玉音

克里希那神廟

Radha-Krishna

第五十一首

葛吉夫能易容顏

變化萬千眾人前

宣說奧義第四道

八度音階九宮連

克里希那神廟			
Radha-Krishna			
第五十二首			
左玲右玉雙配親	若問達道彼岸途	柳真五雷孚佑君	日月護法觀世音

克里希那神廟

Radha-Krishna

第五十三首

馬哈維亞尊大雄	裸身苦行稱第一	影響所及聖甘地	和平立國金磚席

克里希那神廟			
Radha-Krishna			
第五十四首			
重整旗鼓尚未遲	目下雖困信心堅	兩雄相爭大流士	亞歷山大征波斯

克里希那神廟

Radha-Krishna

第五十五首

梟雄如君當如是	榮景盛世兩千年	一統江山孟斐斯	埃及國王美尼斯

克里希那神廟			
Radha-Krishna			
第五十六首			
伊莉莎白英女王	彼得大帝俄沙皇	門當戶對聯姻親	早生貴子與千金

克里希那神廟			
Radha-Krishna			
第五十七首			
奧古斯丁懺悔錄	莎士比亞奧塞羅	天縱英才雖傑傲	也需幾番寒徹骨

克里希那神廟			
Radha-Krishna			
第五十八首			
翻山越嶺尋福地	秀水蒼松覓生基	法門不二有誰知	煉就金剛證菩提

克里希那神廟

Radha-Krishna

第五十九首

極數逢九戒滿溢

固精凝神運真氣

七日來復玄關緊

金丹蒂熟當可期

克里希那神廟			
Radha-Krishna			
第 六 十 首			
榮華富貴樂天年	參透一字悟玄機	道德傳經五千言	老子留書涵谷關

第九章　答問篇

Part 1:

　　達人先生：請問你，舌頭頂住上下顎及打手印，爲何可以聚積能量呢？還有，我們爲何要放電呢？是甚麼作用呢？甚麼時候，我們要去放電呢？

　　妳叫我 George 就可以了。舌頂上下顎及打手印，就是告知體內的陰陽電，妳需要它們去執行妳所付予他們的任務，比如，要解除妳的頸部疼痛。督脈的陽電及任脈的陰電於是開始儲備及累積能量以便執行任務。修煉身不動及心不動，就是累積專注的能量不讓能量消耗在其他意念啓動時所需要的旁支能量。換言之，當下妳要將意念集中在治療頸部疼痛的主要需求上。於是，陽電及陰電經手印的結印後，開始集中並交合，形成交流電放電手勢圖。

　　放電手勢圖的結印法，就是將中指及無名指扣住拇指，小指自然勾起跟在無名指之後頂住手掌，左右手都是相同的動作。接著，用右手食指的正面勾住左手食指正面的第二指節處，然後轉動左手，將左手的背面平貼在右手拇指下方的背面上，完成放電手勢圖。

　　放電的目的就是要將雙腿的 220V 及雙臂的 110V 都轉變爲直流電 12V。因爲大腦中的伏隔核只接受直流電，而放電的時機只有在肉體性高潮發生的時刻。當肉體性高潮發生時，伏隔核即開啓進而分泌高濃度的多巴胺，只有高濃度的多巴胺可以啓動脊椎骨中的中樞神經系統（由腦和脊隨組成）進行調整，並使異位的脊椎骨片回歸原位，也就是歸零之意。而歸零的狀態即是脊椎骨最初的原始正常狀態。歸零後，被壓迫的神經細胞就可獲得解放，解放之後就可痊癒。

　　放電的方法就是先打放電手印（放電手勢

圖），通知體內的陽電與陰電妳要放電。放電時一定要雙腳站立著地，協助完成歸零前的前置作業。接著將左手臂放下打直，右手臂也向下打直，將左右手交合的手印放在下丹田（臍下三指寬處）之前並貼緊下丹田，待下丹田發熱後，舉起雙臂將左右手交合的手印移至中丹田（胸口處），並貼緊在胸口處，待胸口發熱後，再將左右手交合的手印移至上丹田（與眼睛平行的玄關處），此時，手印無需貼住額頭的玄關（兩眉中間的三吋頭骨內，對應松果體之處），但左右手要反方向旋轉，使左手手臂在上面，交叉壓在位於下面的右手手臂，待上丹田也發熱了，就可開始放電。放電的處所應選擇舒適的床鋪爲佳。

　　放電的過程有兩種，一種是自慰的單修，另一種是男女雙修，樂空雙運。當性高潮發生而多巴胺釋出時，就是放電的完成，此時，賀爾蒙催產素也被釋放出來，全身的肌肉就會完全的放鬆開來，包括頸部的肌肉，因而達到治癒的效果。

　　充電與放電的手印加上咒語，也是噶舉派
（Kagyupa）"那洛六法"（Naro's Six Doctrines）
中的牽識法（又稱頗瓦法 Phowa）的延伸應用。換
言之，就是將自己的意識體引進督脈，任脈及中脈
的三個次肉體內，進行三輪體空的修煉。有關谷丹
派的漏盡通心法——三輪體空，詳見第五章。

　　另外，達文西"蒙娜麗莎的微笑"這幅畫，是
經由六十層薄薄的油彩塗抹加以粹煉而成，內建了
一尊具有六十個金三角的超靈，所以能栩栩如生，
象徵不朽的靈魂傑作。而偉大的金字塔，也內建了
六十個無形的金三角，所以無需任何樑柱的支撐，
迄今仍能屹立不搖。這是另外兩個牽識法的最佳應
用案例。

　　至於沙士比亞在"哈姆雷特"中的千古獨白
名句"To be or not to be"，更是阿彌陀佛無量覺與
無量行互相連結或相互超脫的精湛詮釋。因覺而起
行，因行而應覺，"或者"，雖覺無應行，雖行無
覺因，那個比較尊貴呢？沙士比亞的偉大，在於他

揭示了靈魂的自由選擇權，而非選擇權的內涵爲何，這正是最高段牽識法的尊貴之處。

　　最後，我要從解剖學（Anatomy）的角度說明雙修的理論基礎與實用價值。骶骨（Sacrum），又稱薦骨，是脊椎骨（Back Bone-Vertebral Column）中的一個大形的三角形骨，位於脊椎骨的最末一節，由五塊薦椎（five Sacrum Vertebrae）合併而成：翼骨（Ala Bone）×2（三角形，左右各一片）；髂骨（Iliac Bone）×2（又稱腰骨，左右各一片）；幹骨（Body）×1（縱貫於中央）。骶骨上又有三處突起（process），或稱隆起，分別爲關節突起（Articular Process），橫貫突起（Trans. Process）及肋骨突起（Costal Process）。因爲有突起狀，因此骶骨成爲三角錐狀，也是骨盆帶（Pelvis Area）的一個很強的基礎，因此稱爲“骨中之骨”。在薦椎之下，是由四塊小骨所融合組成的尾椎（Coccyx）。薦椎加上尾椎（骶骨加尾骨），就形成整個脊椎骨底部的基礎結構。

最令人振奮的消息，就是骶骨的中空部位
（Sacral Canal），正是一個三角形狀，這個中空的
三角形狀正對應著男根與女根的位置，也是亢達里
尼（Kundalini）的住所。薦椎的五個骨加上尾椎的
四個骨，共計為九個骨，這也與男性的九陽神功及
與女性的九陰神功相呼應。

下列的九種交合方式，可以讓女性比較容易放
精（cum，就是男女因交合而從女性陰道所流出來
的液體之謂）：

1. 螺旋式（Screw）：陽具呈現螺旋式的轉動，
像轉緊螺絲一樣。女方側坐床沿，雙腿勾起成 90
度，左手臂撐住床鋪；男方則跪在床沿，右手放在
女性的右腿上，左右不停的旋轉鎖緊之。

2. 插頭式（Socket）：陽具像插頭一樣，插入
插座的凹處承口。男方側躺，左手臂撐住床鋪，右
大腿勾起，右小腿斜立成 45 度。女方平躺，雙腿
張開以便迎合陽具。右手放在男方右腿上，左臂則
平放後彎曲成 90 度。男方緩慢抽送之。

3. 鉛錘式（Plumber）：陽具像鉛錘一樣，探測

女方的喉嚨深度。男方跪著，雙腿張開，用膝蓋頂著床鋪，雙手則撐住床鋪。女方躺下，雙大腿勾起，雙小腿斜立成 45 度，雙臂勾住男方的兩腿，臉朝上，口上下來回吸吮陽具。

4. 牝牛式（Cowgirl）：女方像母牛一樣跨騎在陽具上，上下抽動陰戶。男方平躺，雙腿勾起，雙小腿斜立成 45 度。男方右手放在女方左大腿外側，女方則跨坐在男根上，雙臂伸直，雙掌放在男方胸部上方，面對著面交合之。

5. 膝舞式（Lap Dance）：女方坐在男方的兩膝及大腿上，準備要跳舞。男方坐在貴妃椅上，雙手撐在椅子上，雙腿張開，雙腳著地。女人背向男人，將女根跨坐在男根上，雙手放在自己的雙腿上，雙腳懸空。由女根上下來回抽合男根。

6. 剪刀式（Scissors-Seated）：女方雙腿向剪刀一樣，夾住男方的大腿，接受男根的抽送。男方坐在床上，雙腿張開，然後大腿勾起，小腿斜放成 45 度，右掌放在女方的右大腿上。女方側躺，左手臂撐起身體，兩腿則夾住男方的右腿，像剪刀一樣夾著，迎合男方陽具的抽送。

7. 對看式（See-Saw）：男女雙方的兩眼互相看著對方，在下面的兩根也互對迎合。男方坐著，雙腿張開平放，雙手托著女方的雙股。女方雙腿也張開，用女根含住男根，雙手則放在男方的雙肩上，男根與女根相互迎合抽送。

8. 側騎式（Side Rider）：女方側坐在男根上，就像騎馬一樣，用女根上下抽送男根。男方平躺著，右大腿勾起，右小腿斜立成 45 度，讓右大腿成爲女方騎坐的支撐點。女人則側身將女根坐在男根上，雙手放在自己的膝蓋上，上下來回逍遙地抽送男根。

9. 69 站立式（69-Standing）：站立形的 69 式互相吸吮男女根。男方直立，雙腿微微彎曲，右手托住女方的背部，左手托住女方的臀部。女方倒立，將雙腿掛在男方的肩膀上，兩隻小腿交叉，扣住男方後腦，雙手抱住男方的腰部，男女雙方用口舌互相吸吮舔食對方的性器。

關於女性放精（cum）的種類，可因生理期的不同而有下列四種形態：

1. 乳酪狀流出（Cream Discharge）：

    1.1 通常發生在產卵期之前

    1.2 沒有味道或有輕微的氣味

    1.3 陰液呈現乳白色

    1.4 陰液具有黏著性

    1.5 但沒有伸展性

2. 水狀流出（Watery Discharge）：

    2.1 通常發生在可生育的豐盛期

    2.2 陰液如潤滑劑般的水狀流出

    2.3 是透明的

    2.4 是光滑的

    2.5 具有伸展性

3. 蛋白狀流出（Egg White Discharge）：

    3.1 發生在可生育的豐盛期的高峰期

    3.2 通常發生在產卵期

    3.3 陰液如蛋白般的黏稠水狀流出

    3.4 無氣味

    3.5 具有高度的伸展性

4. 無放精出現（No Discharge）：

    4.1 就是大家認知的 "乾澀期"（dry days）

4.2 通常出現在接近月經期間（menstruation）
4.3 通常出現在不再排卵的不能生育的更年期
4.4 無陰液流出或少量流出
4.5 無氣味或輕微的味道

　　精確的說，當會陰海綿體接受到因陽具的衝刺所帶來的刺激時，會充滿血液並膨漲，使得膀胱腺釋放出一些液體，經前列腺由尿道排出（流出），即是所謂的放精（cum）。當放精以射出的方式噴出（squirting）時，稱之為潮吹。只有陰戶經過特殊肌肉縮放訓練的女人，才有這項潮吹特技。未經訓練也能以射出的方式噴出者，應是天賦異稟的極少數。

　　骶骨（Sacrum）又稱為聖骨，因為拉丁文 sacrum就是英文 sacred 神聖之意。我們的亢達里尼（Kundalini），又稱拙火，是一種具有靈性的神聖性能量，居住在骶骨的中空部位（Sacral Canal），也是人類生命（肉體及靈性）的源頭。因為神聖的亢達里尼性能量就居住在骶骨內，所以稱之為聖骨。

　　神聖的亢達里尼性能量還有另一個名稱，謂之"谷神"。

　　如果採用單修，沉睡在骶骨中心的三角形處所內的亢達里尼無法被喚醒，就像多眠中的宇宙黑洞一樣。因為尚未被喚醒，所以稱之為"拙"，不靈巧之意。如果採用雙修，男女的性器會緊密結合並交媾之。因為恥骨（pubis）及陽具（或陰戶）的互相攻頂，摩擦與刺撞，會直接震動並刺激骶骨下方的前區神經叢，透過脊椎的中樞神經而傳到大腦，火花與光芒就會炙烈迸出，引發強烈的快感與性高潮，當大腦 30 個區域全亮起來時，亢達里尼的自覺就被喚醒，透過樂空雙運達到開悟的境界，就像甦醒的宇宙黑洞，具有巨大而無與倫比的能量。同時，海馬體也會將大腦內部因性高潮而發光的光能量轉存到連結肉體，靈體與意識體的光索內。當性能量因做愛被轉化為光能量而儲存在光索內，而且當光能量被累積達到一定的能量時，會發出紫色的光芒，稱之為"紫丹桂光索"，可強化免疫力，更能治癒百病。性高潮放電時，會產生 booki wooki 極高頻的淫叫聲，在腦內也會產生亮度很高的光能

量，這是性高潮可以治癒百病的醫學根據，也印證靈體是由光、音、電三種能量所組成的科學論述。

聖經在創世記（2：23）中也說，這個"骨中之骨"，她的名字是"女人"。所以說，雙修的意義與價值，就是在男女合體時，點燃各自的兩個三角錐，將性能量轉為光能量，在交歡合體後的肉體內形成大衛之星。悟此道後，能更精進的修道，慈悲與智慧也同時雙運。因為藉著無與倫比的雙修，可以獲得充沛巨大的靈性性能量，進而得以證道，產生許多豐功偉業，或曠世鉅作，或大顯神通，或濟世救苦。本書為雙修提供科學及醫學上的論證，人手一冊《谷丹經》的新聖經時代已經來臨，福音已然號角響起，響徹雲霄，是一部珍貴的修煉寶筏。共勉之。

Part 2：

我想亢達里尼瑜珈對我會有相當幫助的！它的節奏緩慢，是我所喜歡的！我今天練功感覺還不錯，我左邊的腦部神經好像已有些感應，我想跟你

確認是不是就是這現象呢？

　　我之前嘗試過許多功法，像達摩、像華佗、像香功，但總是沒辦法！但你這 Samasamba Samabama 我覺得很好！

　　如果左邊腦神經有感應，右邊也會接著很快就會有感應，如果玄關處開始蠕動，就是靈體的復甦，是好消息，妳可以與靈界互相感應。Samasamba Samabama 是個好功法，而且不易疲勞，適合任何人、任何年齡、任何時間、任何地點。

　　Samasamba Samabama 的大手印（充電手勢圖）就是一種修煉身不動的功法，當妳默念 Samasamba Samabama 時就是修煉心不動的功法，當靈體及意識體都復甦時，就會進入意不動的境界。

Part 3:

　　與靈界互動是怎麼一回事呢？如何互動呢？

　　我要跟你報告的是我要的是追求我原本的清明通徹，而不是其它的如你所說的與靈界互動呢！當然如果是這樣的話，我是不會排斥的！

我們的靈體與意識體在晚上肉體睡覺時，本來就與靈界互通，只是肉體的意識在白天時無法感知自己靈體與意識體在晚上時的活動，經修煉後，肉體，靈體與意識體三者一氣呵成，不分晝夜，都可得自性的清明通徹，解脫煩惱而得大自在。

Samasamba Samabama 這個咒語的奧義就是"願我身自在，常住極樂中。"

Part 4:

我這兩天前天和昨天每當要做你教的充電和放電時，不知為什麼和之前不一樣，手勢還沒打好，上下顎都還來不及頂；就想睡覺了！好奇怪喔！

那最好了，因為你以前所作的充電讓肉體的電已經蓄足了，所以身體告知它要入睡了，因為好的睡眠就是最自然的充電法，因此，此法對失眠者最有效。

Part 5:

可是我白天做也是這樣耶！

那就睡呀，練習身不動，是此法的基本功。

當然，性愛的放電也很重要，可使充電與放電互相平衡。煉到"精"滿，則不思淫，"氣"滿，則不思食，"神"滿，則不思眠。如此循還不已，就可煉就大羅金仙體或金剛不壞體，百病不侵。

Part 6:

為何精滿就可不思淫，氣滿可不思食，神滿可不思眠呢？像我之前還沒練就已經不思淫，不思食，不思眠了呢！

因為精氣神都滿時，就是無漏無缺之身。如果你已達此境界，但仍有不良習性，例如抽菸、打牌或易怒或任意批判，就會耗弱你的能量而招來病痛，只要改掉這些習性，就可痊癒。

第三章提到所謂的鎖精，其功能即是用腎氣將

精關鎖住精子或卵子，不使外洩，進而氣化之以便產生氫離子，使氫離子充斥於體內，就是精滿之意。英國的科學家札佛隆科夫（Alex Zhavoronkov）在他的新書《不老的一代／Ageless Generation》中強調，如果人類沒有性生活，壽命可達 150 歲。如果煉就鎖精的功夫，既可享受性高潮的樂趣，又可長壽，豈不兩全其美？

Part 7:

今日好些了嗎？

今天不錯。我現在肩膀的不適已有減輕！脖子裡面的不舒服也稍緩和！只是還必須做更深一層的突破！！！要是我能夠再認真一點，多做些功課，可能進步會更多更好，但我就是太懶散了啦！

心情要放輕鬆，慢慢解套了。繼續努力，加油！！

Part 8:

充電與放電的進一步聯結關係為何？有可能
會走火入魔嗎？

歸納本書的核心修煉概要，可以下列九個原素
總結之，並進一步演繹如下：

行 3…………覺 6…………知 9
．　　　　　．　　　　　．
身 2…………心 5…………意 8
．　　　　　．　　　　　．
精 1…………氣 4…………神 7

橫向的連結就是"修"：口訣是鎖精 1，凝氣
4，通神 7；修身 2，靜心 5，定意 8；力行 3，醒覺
6，全知 9，就是充電。
縱向的連結就是"煉"：口訣是化精 1，固身
2，篤行 3；化氣 4，專心 5，眞覺 6；入神 7，達意
8，眞知 9，就是放電。

　　鎖精 1，凝氣 4，通神 7 與化精 1，固身 2，力行 3，是識神的修煉範疇，適用於一切普羅大眾，也是中階幹部與技術官僚必需的修煉。修身 2，靜心 5，定意 8 與化氣 4，專心 5，醒覺 6，是元神的修煉範疇，也是高階幹部與高階技術官僚必需的修煉。篤行 3，眞覺 6，全知 9 與入神 7，達意 8，眞知 9，則是谷神的修煉範疇。

　　全知，象徵橫向廣度的知，眞知，象徵縱向深度的知，更是 CEO，政務官與統帥必需的修煉。唯有谷神的修煉，才能臻於全知，眞知與篤行的知行合一境界。換言之，即是無所不知，無所不能的人神合一境界。

　　由上述可知，在九個修煉原素中，心居於核心中央 5 的位置，一切的精氣神，身心意與行覺知的修煉都從心的位置以輻射的方式相互連結。當心居於核心中央 5 的位置時，表示"大中至正"，圖謀的是以眾人的公利爲先，個人的私利爲後，甚或不考慮自己的利益。當心偏離核心中央 5 的位置而處

於任合其它的位置時，就是以個人的私利爲先而不顧他人的利益或眾人的公利，此時的修煉，就是所謂的"走火入魔"。

　　當一個人完成了九大修煉原素熔合爲"一"的最高境界時，才夠資格入座九五之尊的榮位，因爲全知眞知的知9與靜心專心的心5連結時，才能產生力行與篤行的宏效而立於無可憾動，持盈保泰的九五之尊。

　　老子《道德經》谷神章第六有云："谷神不死。是謂玄牝。玄牝之門。是謂天地根。綿綿若存。用之不勤。"玄指的是眞陽，牝指的是眞陰，讀完本書，可進一步理解識神，元神與谷神的相互關係與修煉次地，而達"治大國若烹小鮮"的"用之不勤"的"妙仁"境界，共勉之。

Part 9:

　　所謂道家的打通任督二脈與密宗的打通中脈，指的是甚麼？

　　督脈屬陽，由底部的長強（骶骨端三分）上升至頂中的百會，再下降至兌端（唇上端陷中），最終止於齦交（上齒內）。肝經起於足底行走於督脈，止於百會，屬陰，謂之陽中有陰。任脈屬陰，由底部的會陰（肛門與性器的兩陰），經過鳩尾、膻中、華蓋上升至頂端的承漿（唇下陷中）。腎經也起於足底行走於任脈，經腹部、肺、喉嚨而止於舌頭根部，屬陽，謂之陰中有陽。由此可見，督脈與任脈的交會處，就在人的舌部位。舌頭部位如何運作以便形成無極圖與太極圖，詳見第四章。舌頭部位的運動配合腳部的旋轉與腿部的拉筋以及手部的大手印，就是所謂的打通任督二脈，也就是充電之意。如果是使用自身的陰陽交合進行單修，打通了任督二脈，能量最高僅能達到氫 H_3。道家的督脈相當於密宗的右脈（Pingala Nadi），道家的任脈則相當於密宗的左脈（Ida Nadi）。

　　密宗與道家的房中術或獨步古今的漏盡通谷丹派法門，則藉著雙修將任督二脈或左右二脈分別匯流於玄關及百會的兩個交界處並進一步整合於

含有七個氣穴的中脈（Sushumna Nadi）而達於眞陽
與眞陰的境界，眞陽與眞陰再進一步交合，達到氣
化之紫丹桂光索的化境，這就是所謂的打通道家的
任督二脈與打通密宗的中脈。有關三輪體空的谷丹
派雙修心法，詳見第五章。

太極督脈的後天陽（陽中有陰）要返回無極先
天陽的眞陽（純陽），或太極任脈的後天陰（陰中
有陽）要返回無極先天陰的眞陰（純陰），必須經
由合體雙修的鋪陳，亦即，經由男女性器的結合，
才能補足由長強（骶骨端三分）到會陰（肛門與性
器的兩陰）的空缺部位，讓督脈延伸到會陰，才能
形成完整的全身（completed body）或眞身（pure
body），也就是純陽體的氫 H_1 或純陰體的氫 H_2。

雙修的奧密與精隨，盡洩於本書《谷丹經》中。
因爲，兩舌的深吻與兩性性器的密合，是道家唯一
修眞的不二法門；也是佛教中顯教與密教以《心經》
中的"色不異空，空不異色"作爲色空合流，互爲
體用的觀音法門新解。

Part 10:

這本書的雙修實用價值在那裡？

任督二脈或左右二脈的第一個匯集處在玄關，是元神的修練範疇，任督二脈或左右二脈的第二個匯集處在百會，是谷神的修煉範疇。如果我們將識神，元神與谷神的應用放諸於金融業及企業界，可解析如下：

執行（Private）：肉體性高潮，鍛煉識神 "行" 的能力
　　　基層及中堅幹部（襄理、副理、經理）；
　　"把事情作對"，熟悉作業流程，避免因錯誤所造成的耗損。
配置（Placement）：靈體性高潮，煆煉元神 "覺"
　　的能力
　　　溝通及資源分派（協理、副總經理）；監控與導正，負責產業的升級與生產力的提升。
規劃（Program）：漏盡通性高潮，煆煉谷神 "知"
　　的能力
　　　擬定發展策略及步驟，籌措資金（總經

理、執行長、董事長）；"作對的事情"，負
責產業的轉型與獲利率的提升，確保產業的多
元發展優勢。

當國家走向企業化發展的道路上時，企業規模
也將國家化，進而獲利社會化的大同理念也才能眞
正落實。上述的精典 3P（Private Placement Program）
策略，不但是個人發展的聖經，更是企業與國家政
體的導航寶筏。

Part 11:

爲何本書自詡爲人類的第二本聖經？

本書的英文名稱 "REFINERY FOR LIVING
TWICE" 就是藉著漏盡通法門修煉人身中的七個
氣穴，讓亢達里尼（Kundalini）的性能量甦醒並充
滿全身七個氣穴，達到人神合一，榮神益人的境
界。聖經中的啓示錄（Revelations）第五章提到，
象徵神物的羔羊具有七個角及七隻眼睛，這七隻眼

睛代表神的七靈（spirits）。因此，受造的萬物都具有神的七靈，也就是七個氣穴，可藉由修煉而達到通神的境界，無事不辦。本書因爲傳達了這個新福音，讓世人都可受惠於勤讀本書，因此自詡爲人類的第二本聖經。

Part 12:

書拿到了，首先請教你書名「谷」「丹」「經」的取名由來及意思。

道家追求返璞歸眞的理想，道教則提供實修的理論，方法及路徑。我將二者融合爲一並導入天文，物理，科學，醫學及佛教，印度教禪定的功夫及論述，加上本人的修證及東西方文明史的實際案例作爲說明與印證，從而演繹出這本道藏精華，作爲人類靈修，勵志與優生學的範本，並取名爲《古丹經》。「谷」者，神之居，「丹」者，精之華，「經」者，氣化之紫丹桂光索，詳見本書說明。

Part 13:

為何代表 11 月的克沙瓦要畫在信徒的額頭上作為克里希那的印記而非其他月份？

克沙瓦（KESAVA）代表 11 月份的理由是象徵天地宇宙都由克里希那所創生，因此取 11 月作為克里希那的印記。天干有 1, 2, 3, 4, 5, 6, 7, 8, 9, 10 十個排序，地支有 1, 2, 3, 4, 5, 6, 7, 8, 9, 10, 11, 12 十二個排序。天干必需推演至 11，才能與地支的 11 與 12 接軌，11 剛好是天干與地支交合之數，產生六十年為一甲子的時間排序。

本書第五章"煉神還虛"中提到，宇宙父體的奇數基因 1, 3, 5, 7, 9, 11 即暗含了 $1+3+5+7+9+11=36$ 的天罡之數，當奇數基因連結成 $1+3+5+7+9+11=36$ 並創生出反物質宇宙母體的 $1+3+5+7+9+11=36$ 時，則宇宙父體再與宇宙母體交合，創生出各類星球的 $36+36=72$ 地煞的數理及空間排序，包括作為宇宙一份子的黑洞。

　　13 億年前一個巨大的黑洞與另一個反物質的巨大黑洞發生黑洞二元系統的相互碰撞進而融合時所產生的重力波，已於 2015 年 9 月 14 日抵達地球，被宇宙重力波雷射監測站（Laser Interferometer Gravitational-wave Observatory ─ LIGO）偵測到。換言之，本書中所宣稱的作為宇宙父體的物質與作為宇宙母體的反物質及其之間的碰撞與融合，業已獲得科學論證。兩個相同質量但極性相反的兩個巨大黑洞，其構造與對稱性也完全相同。請研讀圖 4，圖 5，圖 7 及圖 8，即可心神領會。

Part 14:

　　為何單修的智能位階只能達到氫 H_3 而無法返回先天源頭的智能位階氫 H_2 與氫 H_1？一定要雙修才能達到嗎？請進一步說明。

　　天干的十個排序中因為含有八度音階，而 do 須再重覆一次，才能達到最高點而續航之，其間包含了兩組尚未交合的次黑洞（H_{4-1}/H_{4-2} 與

H_{5-1}/H_{5-2}），總計天干的排序可延伸到 11。請參閱下面的次黑洞圖，即可一目了然。

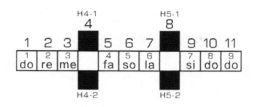

次黑洞圖　sub-Black Holes Chart

地支的排序因為兩個次黑洞交合，形成兩個黑洞 H_4 與 H_5，又因加上宇宙母體氫 H_2 與宇宙父體氫 H_1 在排序 11 的介面交接處交合，形成總計地支的 12 個排序。請參閱下面的黑洞圖，即可一目了然。

黑洞圖　Black Holes Chart

次黑洞 H_{4-1} 與次黑洞 H_{4-1} 交合形成黑洞 H_4。

在交合的過程中，男方第一次釋放大量的精液，女方也第一次釋放大量的元精，因此產生黑洞 H_4，稱之為精交。男方第二次釋放剩餘的精液，女

方也第二次釋放剩餘的元精，因此產生黑洞 H_5，稱之為氣交。雖然第一輪的精交，形成“水空”，但也彼此獲得對方的能量。經過第二輪的氣交後，則形成“火空”，彼此又進一步獲得對方更深層而又精緻的能量。也就是說，彼此身體中離卦的真陰與對方坎卦的真陽互相交換之意。

因為單修氫 H_3 的能量沒有經過氫 H_4 與氫 H_5 的兩次放空與兩次補足，因此停滯在氫 H_3 的智能位階，無法向上提升。就像太空梭一樣，沒有火箭發射器的推進，是無法升空的。相反的，雙修因為經過兩次的能量更新，氫 H_3 就像獲得新生一樣，可以進一步修煉第三輪的“風空”，體會宇宙母體氫 H_2 與宇宙父體氫 H_1 “神交”的大樂，詳情請參閱第五章“三輪體空”的漏盡通修煉法門。

Part 15:

男女合體的性交體位，與打通任督兩脈及連結左右兩脈，進而通中脈，有何關連？

　　女性在上位而男性在下位，採牝牛式（Cowgirl）的騎坐體位，就是由男性幫助女性打通女性的任脈（左脈）起始點會陰，接通女性的督脈（右脈）起始點長強，亢達里尼能量開始甦醒並向上提升，進而交會於中脈的額輪（Agnya Chakra/玄關）與頂輪（Sahastrara Chakra/百會）兩處。

　　女性在下位而男性在上位，採傳教士（Preacher）的傳統體位，就是由男性幫助女性打通女性的督脈（右脈）起始點長強，接通女性的任脈(左脈)起始點會陰，亢達里尼能量開始甦醒並向上提升，進而交會於中脈的額輪（Agnya Chakra/玄關）與頂輪　（Sahastrara Chakra/百會）兩處。

　　女性由會陰到長強起始點的相通，叫作單向通車，加上由長強到會陰起始點的相通，叫做雙向通車，就像台北到高雄，高雄到台北的雙向通車一樣。

　　就男性而言，當採取牝牛式（Cowgirl）的騎坐體位時，就是由女性幫助男性，將女性的長強接通

男性的會陰；當採取傳教士（Preacher）的傳統體位時，就是由女性幫助男性，將女性的會陰接通男性的長強。此時，男性的亢達里尼能量開始甦醒並向上提升，進而交會於中脈的額輪（Agnya Chakra/玄關）與頂輪（Sahastrara Chakra/百會）兩處，也進行相同於女性的雙向通車。

以上的論述，就是男女合體的真正意涵之所在。換言之，就是男性先幫女性回復真陰體，再由女性幫男性回復真陽體，然後真陰體再度與真陽體進行神交，達到氣化之紫丹桂光索的超然境界，合體的價值真的是無與倫比。如果僅進行單修而捨棄雙修，就無法體會密宗與谷丹經漏盡通獨特法門的奧妙。

Part 16:

再者，道家只講任督二脈，並無密宗或瑜珈所說的中脈與左右兩脈，其理何在？

　　道家的任脈由會陰到承漿，共 24 個穴道，分佈在上半身的前面，屬陰。督脈則由長強到齦交，共 28 個穴道，分佈在上半身的後面，屬陽。當陰陽合體，任督兩脈打通時，亦即，上鵲橋由齦交到承漿的第一個斷層由舌吻補足，下鵲橋由長強到會陰的第二個斷層由性器結合而補足時，就形成一個完整的神經迴路系統。任脈的 24 個穴道與督脈的 24 個穴道配對後，其餘的 4 個穴道則代表人體的四大神經系統如下：

　　1.中樞神經系統：即是密宗或瑜珈的中脈，或打通之後的任督合體一脈。掌管思考，情緒，動作，行為等，可受肉體識神的意識所控制。由腦（brain）和脊髓（spinal cord）組成，是整個神經系統的控制中心，負責接收和整合從周邊神經系統得來的訊息，然後再按需要作出反應或發出動作指令。

　　2.右交感神經系統：即是密宗或瑜珈的右脈，或道家的督脈，在玄關處（額輪）與左脈及中脈交會，是自律神經，負責心跳，呼吸，血

壓與體溫，由元神的潛意識所控制。右交感神經好
比汽車的油門，是促進性的。當身體遭遇危險或壓
力時會心跳加速，血壓上升，呼吸變快，體溫增高，
包括肝經掌控的射精作用。

3.左交感神經系統：即是密宗或瑜珈的左脈，
或道家的任脈，在百會處（頂輪）與右脈及中脈交
會，也是自律神經，亦由元神的潛意識所控制，因
不受意識的控制而具有自主性，因此稱爲自律神
經。

4.副交感神經系統：副交感神經系統好比汽車
的煞車，是抑制性的。負責身體的鬆弛休息，促進
消化，睡眠啓動，保持體力，包括腎經掌控的鎖精
作用，由谷神的超意識所控制。那洛六法中的牽識
法，即是在死亡的刹那，谷神出離原肉體，牽識到
新近死亡者或動物屍體內，謂之奪舍，以便繼續修
煉。副交感神經系統，英文是 "Parasympathetic
Nervous System" 而 "para" 的意思即意指 "超越
"，"防護"，"保安"，"避難" 等意涵，而谷

神的超意識，就有 "超越" 的含意。

Part 17:

可否談談你所認知的克里希那知覺？

克里希那知覺，即是本書中所說的谷神與妙仁，是人的第三及第四知覺，也稱爲亢達里尼（Kundalini），又稱爲純粹意識或氣化之紫丹桂光索。你可以把它想像成一條氣化的光纖，當嬰兒降生時，識神與元神從頭蓋骨尙未蓋合的部位進入肉體，兩三月後，當頭蓋骨將蓋合時，亢達里尼才進入肉體。

識神，爲第一知覺，居住於延腦內，有網狀致活系統（Reticular Activating System）分佈在視丘及延腦中，內含心臟中樞，血管運動中樞，呼吸節律中樞，打噴嚏，咳嗽，打膈，嘔吐，吸吮及吞嚥的控制中樞，亦位於此，因此有 "生命中樞" 之稱。識神透過中樞神經控制肉體的意識。

　　元神，為第二知覺，居住於松果體內，掌控自律神經，包括右腦的右交感神經與左腦的左交感神經及靈體的潛意識及集體潛意識。元神的主要功能為傳遞靈界的訊息，作為谷神與識神之間的連結器，谷神如果有訊息要傳達給肉體的識神，須通過靈體元神的傳達，元神本身無法產生像肉體及意識體一樣，能產生行動的功率。但經過修煉的元神，則能產生行動的功率，例如，剪斷連結肉體，靈體與意識體的紫丹桂光索，提前離開人世，回到靈界。

　　谷神，為第三及第四知覺，有兩個居住所，一個在海底輪（根輪）的骶骨內，另一個在頭頂的百會穴（頂輪）內。當克里希那知覺（谷神），即亢達里尼（Kundalini）性能量自頭蓋骨進入身體後，先是沉潛在三角形的骶骨內，尚未復甦。當性行為開始後，性能量因亢奮而興起並上升，當達到肉體的性高潮時，亢達里尼（Kundalini）性能量可以抵達頭頂的百會穴，或密宗及瑜珈的頂輪，形成谷神的第三知覺。谷神的住所即由海底輪移到百會穴。

因此，在性高潮時受孕的女子，可以產出極為優秀的嬰兒。因為受胎時，即具有高智能的氫 H_3 位階。因此，克里希那第三知覺就是優生學的代名詞。

　　如果進一步修煉眞陰與眞陽合體，將紫丹桂光索氣化之，可產生氣化之紫丹桂光索，回歸到最原始及尙未出世前谷神的第四知覺狀態，亦即，純粹意識或克里希那第四知覺，具有最高位階帶負電的純氫 H_2 氫離子及具有最高位階帶正電的純氫 H_1 氫離子。

　　谷神的第四知覺有一個專有名稱，叫作"妙仁"。因為已達出神入化，能行任何事功的境界，奧妙無比，所行之事也都充滿仁慈與愛，因此取名"妙仁"。

　　當人的修爲達到克里希那第四知覺時，心中只有無私的奉獻，並爲世人帶來和平，富裕與愛。

　　克里希那的樂器爲聲音悅耳的笛子，伴奏的樂器主要爲手風琴，鈸與鼓。都是些發出輕柔悅耳之音的樂器，沒有像樂器之王的鋼琴一樣，霸氣十

足。同時，克里希那的信眾聚集時，都唱頌著快樂的曼陀羅，手舞足蹈，以表達對克里希那的愛。最重要的，克里希那第四知覺可以幫助人創造財富，啓迪智慧，過著富裕逍遙的日子。

參考書目

1. 《與神對話問答錄》（Questions and Answers on Conversations with God），新時代系列 101，尼爾‧唐納‧沃許（Neale Donald Walsch）著，孟祥森譯，方智出版社。

2. 《道之門》，Bhagwan Shree Rajneesh 著，武陵出版社，林國陽譯，第 224-227 頁。

3. 《二次世界大戰決定性會戰》上、下集，德國軍事研究協會編著，紐先鍾翻譯，星光出版社。

4. 《毛澤東和他的女人們》，京夫子著，聯經出版。

5. 《毛澤東私人醫生回憶錄)，李志綏著，時報出版。

6. 《毛澤東鮮為人知的故事》，張戎（Jung Chang）、喬‧哈利戴（Jon Halliday）著，張戎譯，開放出版社。

7. 《一陣風雷驚世界——毛澤東與文化大革命》，韋政通著，立緒文化事業有限公司。

8. 《探索奇蹟》（In Search of the Miraculous）第 170，171
   頁。新時代系列 92，P. D. Ouspensky 著，黃承晃等譯，
   方智出版社。

9. 《萬法簡史》（A Brief History of Everything），心靈工坊
   出版，編號 030，廖世德譯，胡茵夢校閱、審定，第 37
   頁。

10. 《論上帝》（ON GOD），克里希那穆提（J. Krishnamurti）
    著，廖世德譯，新時代系列 38，方智出版社。

11. 《超越時空》（The Ending of Time），克里希那穆提（J.
    Krishnamurti）著，胡茵夢譯，新時代系列 19，方智出
    版社。

12. 《奧秘之書　第三卷下冊》（THE BOOK OF THE
    SECRETS, Vol.3.），武陵出版社，OSHO 著，謙達那譯，
    第 223 頁。

13. 《封神演義》，陸西星撰，鍾伯敬評，三民書局印行。

14. 《蒙哥馬利元帥回憶錄》上、下冊，劉方矩譯，軍事譯
    粹社出版。

15. 《自悟之路》（The Direct Path），新時代系列 115，安
    德魯・哈維（Andrew Harvey）著，劉蘊芳譯，方智出
    版社。

16. 《沙漠之狐隆美爾》上、下冊，紐先鍾譯，李德哈特著，星光出版社。

17. 《德川家康的大謀略》，佐佐克明等著，台視文化出版公司。

18. 《商用德川家康兵法》，陳寶蓮譯，大橋武夫著，遠流出版公司。

19. 《巴頓將軍領導論》，李懷德譯，亞蘭・亞瑟洛德著，麥田出版社。

20. 《影響世界歷史 100 位名人》，麥克・哈特（Michael H. Hart）著，趙梅等譯，晨星出版。

21. 《聖經故事》，張久宣編著，書林出版有限公司。

22. 《戰略論：間接路線》，李德哈特著，紐先鍾譯，麥田出版社。

23. 《大腦的神密檔案》（Mapping the Mind），卡特（Rita Carter）著，洪蘭譯，遠流出版。

24. 《腦，在演化中》，歐門（John Morgan Allman）著，曹純譯，遠流出版公司。

25. 《海馬體——大腦真的很有意思》，池谷裕二、系井重理著，蘇惠齡譯，如何出版社。

26. 《精神大進化》，曾坤章著，誠文文化出版社。

27. 《靈魂永生》，Jane Roberts 著，王季慶譯，方智出版社。

28. 《驚異的超靈力──靈波直下》，賀照靈編譯，武陵出版社。

29. 《靈悟時空揭密》，傍山依慚著，武陵出版社。

30. 《超覺靜坐》，Maharishi Mahesh Yogi 著，沈慈雲譯，方智出版社。

31. 《印度愛經》（KAMA-SHASTRA），印度筏蹉衍那著，王振華、安佳譯，風雲時代出版社。

32. 《西藏慾經）（Tibetan Arts of Love），更敦群陪原著，陳琴富中譯，大辣出版。

33. 《世界風俗（性愛篇）》，林信雄編著，國家出版社。

34. 《了解性，超越性），奧修（OSHO）著，謙達那譯，奧修出版社。

35. 《女人與性愛》（WOMEN AND SEX），安·霍伯（Anne Hooper）著，林蓼攸譯，自立晚報社文化出版部出版。

36. 《主釆坦耶的教導》，世尊 A.C.巴帝維丹達·史華米·

巴佈巴著，香港巴帝維丹達書籍有限公司（Bhaktivedanta Books Ltd.）出版。

37. 《聖典博伽瓦譚》，世尊 A.C.巴帝維丹達・史華米・巴佈巴著，香港巴帝維丹達書籍有限公司（Bhaktivedanta Books Ltd.）出版。

38. 《光之輪：認識人體能量場》，羅莎琳・布魯耶（Rosalyn L. Bruyere）著，王明華譯，世茂出版社。

39. 《太陽法》，財富系列 11，大川隆法著，楊秋月譯，小知堂文化出版。

40. 《第三眼》，羅桑倫巴著，徐進夫譯，天華出版事業公司印行。

41. 《藏紅色的法衣》，羅桑倫巴著，金禾譯，天華出版事業股份有限公司。

42. 《力的界限》，東昇著，余萬居譯，天華出版事業股份有限公司。

43. 《道家養生學概要》，蕭天石著，自由出版社。

44. 《道教氣功百問》，陳兵著，王志遠編，佛光出版社。

45. 《中國道教十大長生術》，洪丕謨著，林戀文化事業有限公司。

46. 《太上老君養生眞經》，道教太一宗中國道教，太一嗣熊宗師府發行。

47. 《仙宗性命法訣》，趙避塵著，武陵出版社。

48. 《仙家修煉之理論與實證》，張乙尹著，武陵出版社。

49. 《仙宗性命圭旨》，不著撰者，武陵出版社。

50. 《維摩經講話》，竺摩法師著，佛光出版社。

51. 《圓覺經略說》，南懷瑾先生講述，考古文化事業公司。

52. 《妙法蓮華經講義》第一冊，姚秦三藏法師鳩摩羅什奉詔譯，方觀志編述。

53. 《法華經的智慧》，池田大作原著，創價學會編譯，正因文化事業有限公司。

54. 《藏密修法精粹》，台北佛教同修會，寶蓮寺、鎮國寺編印。

55. 《大師在喜馬拉雅山》，原著：喇嘛尊者，中國瑜伽出版社。

56. 《狂密與真密》第四輯，平實居士著，正智出版社。

57. 《西藏生死書》，索甲仁波切著，鄭振煌譯，張老師文化出版。

58. 《密教的神通力》，仲島勝曜著，劉名揚譯，大展出版社。

59. 《正法眼（四）》，金剛上師貢噶老人發行，噶瑪三乘法輪中心編輯。

60. 《風　改造大地，生命與歷史的空氣流動》（Wind How the Flow of Air Has Shaped Life, Myth and the Land），Jan DeBlieu 著，呂文慧譯，商周出版。

61. 《救妳命的神奇因子雌激素）（ESTROGEN HOW AND WHY IT CAN SAVEYOUR LIFE），作者艾登‧羅曼夫、英那‧亞爾夫，翻譯溫春玉，百巨文化出版。

62. 《為何女律師會愛上殺人犯？讓女人盲目迷戀男人的阿尼瑪斯原型》，艾普洛斯著，人本自然出版。

63. 《僅默禱就能構築巨富》，日本八百伴百貨公司總裁和田一夫著，蔡榮發譯，中央日報出版。

64. 《八百伴的世界戰略》，和田一夫著，三思傳播有限公司出版。

65. 《第五項修煉》（The Fifth Discipline），彼得・聖吉（Peter M. Senge）著，郭進隆譯，天下遠見出版。

66. 《從黎明到衰頹，五百年來的西方文化生活》（(From Dawn To Decadence, 1500 to the President, 500 years of Western Cultural Life)，巴森（Jacques Barzun）著，鄭明萱譯，貓頭鷹出版社。

67. 《傅柯的生死愛慾》，詹姆斯・米勒（James E. Miller）著，高毅譯，時報文化出版。

68. 《世界宗教》（The World's Religions），尼尼安・斯馬特（Ninian Smart）著，許列民等譯，商周出版。

69. 《百姓夫妻修道男女青春健壽法》，鍾靈馨光編著，益群書店印行。

70. 《100個領導高手的故事》，張永誠著，遠流出版公司。

71. 《奇葩與怪傑》（Geeks & Geezers），華倫・班尼斯（Warren Bennis）& 羅伯・湯瑪斯（Robert Thomas）著，時報文化出版。

72. 《美國企業精神》（American Spirit），勞倫斯・米勒（Lawrence Miller）著，蔚騰蛟譯，長河出版社。

73. 《聚合行銷大趨勢》（Convergence Marketing），傑瑞・

溫德（Jerry Wind）等著，胡瑋珊譯，培生教育出版集團。

74.　《大未來》（Power Shift），艾文・托佛勒（Alvin Toffler）著，吳迎春譯，時報文化出版。

75.　《企業之主》（Lord of the Marketplace），永不衰頹的經營理念，麥農・路希（Myron Rush）著，林盛文譯，橄欖基金會出版。

76.　《舊約》，學生用本，創世記—撒姆耳記下，（OLD TESTAMENT: GENESIS-2SAMUEL（Religion 301）Student Manual），耶穌基督末世聖徒教會編定。

77.　《聖經》，新舊約全書新標點和合本，香港聖經公會。

78.　《千面英雄》（THE HERO WITH A THOUSAND FACES），喬瑟夫・坎柏（Joseph Cambell）著，朱侃如譯，立緒文化事業有限公司。

79.　《黃帝陰符經疏解》，程來遠譯著，氣功文化出版社。

80.　《凱撒的高盧戰記》，凱撒原著，崔薏萍、鄭曉村合譯，帕米爾書店。

81.　《零的魅力》，羅伯・H・舒勒博士著，夏目志郎監譯，曾雪玫譯，伯樂出版社。

82. 《叛逆的靈魂（Autobiography of a Spiritually Incorrect Mystic）奧修自傳》，奧修（Osho）著，黃瓊瑩（Sushma）譯，生命潛能文化事業有限公司。

83. 《季辛吉心靈的描寫》（KISSINGER PORTRAIT OF A MIND），格勞巴德（Stephen R. Graubard）著，鈕先鍾譯，今日世界出版社。

84. 《在智慧的暗處》（In the Dark Places of Wisdom），彼得・金斯利（Peter Kingsley）著，梁永安譯，立緒文化事業有限公司。

85. 《巫術、科學與宗教》（(MAGIC, SCIENCE AND RELIGION AND OTHER ESSAYS)，馬凌諾斯基（Prof. Bronislaw Malinowski, 1884-1942）著，朱岑樓譯，協志工業叢書。

86. 《怎樣擁有達文西的 7 種天才》（7 Brains），麥可・葛柏（Michael Gelb）著，劉蘊芳譯，大塊文化。

87. 《頂尖人物》（Super Achievers: Portraits of Success），蘇萬納（Gerhard Gschwandtner）著，韓應寧譯，黎明文化事業公司出版。

88. 《哲學入門》（Living Issues in Philosophy），Harold Hopper Tiaus 著，王家出版社印行。

89. 《爬金字塔的人》，詹炳發編譯，哈佛企業管理顧問公司出版。

90. 《美國與中國》（The United States and China），費正清（John King Fairbank）著，張理京譯，左岸文化出版。

91. 《資本主義，社會主義與民主》（Capitalism, Socialism and Democracy），熊彼得（Joseph A. Schumpeter）著，吳良健譯，左岸文化出版。

92. 《日本之展望》，田中直毅原著，蘇明義譯，經濟部國際貿易局發行。

93. 《穿梭超時空》（Hyperspace），加來道雄（Michio Kaku）著，蔡承志，潘恩典譯，商周出版。

94. 《移民火星》（The Case for Mars），羅伯‧祖賓（Robert Zubrin），理查‧華格納（Richard Wagner）著，張玲譯，商周出版。

95. 《預知宇宙紀事》（The Whole Shebang），提摩西‧費瑞斯（Timothy Ferris）著，林淑貞、林宏濤譯，商周出版。

96. 《靈犀之眼》（YOUR PSYCHIC POWER AND HOW TO DEVELOP IT），卡爾‧萊德（Carl Rider）著，淇亞譯，世貿出版社。

97. 《喚醒你永恆的生命力》（The Pleiadian Workbook: Awakening Your DivineKa），阿摩拉・觀音（Amorah Quan Yin）著，蔡宜芬譯，世貿出版社。

98. 《聖經密碼》（The Bible Code），Michael Drosnin 著，杜默譯，大塊文化。

99. 《大銀行家》（THE BANKERS: THE NEXT GENERATOIN），馬丁・梅耶（Martin Mayer）著，溫蒂雅譯，商周出版。

100. 《世界真正首富羅特希爾德家族》，陳潤著，人類智庫出版集團

101. 《上杉謙信・天與地》，海音寺潮五郎著，陳寶蓮譯，遠流出版社

102. 《武田信玄》，新田次郎著，黃遠河譯，遠流出版社。

103. 《聖境預言書》（The Celestine Prophecy），James Redifield 著，李永平譯，遠流出版社。

104. "Harry S. Truman" written by Margaret Truman, printed by WILLIAM MORROW & COMPANY, INC. NEW YORK, USA 1973.

105. "LIVE RICH" Written by Stephen M. Pollan and Mark Levine, A Harper Business Book from HarperPerennial, NEW YORK, USA 2000.

106. "HOW TO BE A SUCCESSFUL MANAGER" written by Donald H. Weiss, amacom AMERICAN MANAGEMENT ASSOCIATION, NEW YORK USA.

107. "LEADERS" written by Warren Bennis & Burt Nanus, Harper & Row, Publishers, Inc. NEW YORK, USA 1986.

108. "A Critical History of WESTERN PHILOSOPHY" EDITED BY D.J. O'Connor, Collier-Macmillan Canada, Ltd., Toronto, Ontario, Third Printing July 1968 Printed in the United States of America.

國家圖書館出版品預行編目資料

谷丹經 / 玄玄上人著. -- 新北市 : 盧達人,
民 104.04
面；　　　公分
ISBN 978-957-43-2354-8 (平裝)
1. 靈修
192.1　　　　　　　　　　　　104005437

谷 丹 經

作　者：玄玄上人
出版者：盧達人
發行所：新北市板橋區金門街 372 巷 33 號 2 樓
電　話：(02) 8687-2725　傳　真：(02) 2687-1548
Email: georgelu266@gmail.com
印　刷：淵明印刷有限公司
電　話：(02)8925-5555　傳　真：(02)8925-5168
印刷地點：台灣
定　價：每本 NT$1,500.00
出版日期：104 年 4 月

購買方式：
　1.台北市、新北市、基隆市：書到收現金。
　2.其他地區，一律採用電匯及郵寄。
　　解款行名稱：郵政存簿儲金
　　解款行代號：7000021
　　分支單位：板橋後埔郵局
　　收款人帳號：03110350766598
　　收款人戶名：盧達人
　3.海外其他國家：需以美金 US$50.00/pc 計價，並以美金支付。
　4.使用 Western Union 或 Money Gram 付款。讀者可任選中文或英文版。
　　受款人：Lu (Surname/Last Name) George (Given Name/First Name)
　　地　址：2F, No. 33, Alley 372, King Men St., Panchiao 22071, New
　　　　　　　Taipei City, Taiwan
　5.印刷地點：台灣